Уређује
Новица Тадић

Ликовна опрема
Добрило М. Николић

Реализација
Аљоша Лазовић

знакови поред пута

Бојана Стојановић-Пантовић

НАСЛЕЂЕ СУМАТРАИЗМА

поетичке фигуре
у српском
песништву
деведесетих

Рад / Београд
1998

за Б. С.

... ни књига, ни писана реч није завршена све док нису одређени њени квалитети и њено значење, све док жива критика није одредила њене духовне границе.

Растко Петровић

ПОЕТИЧКЕ ФИГУРЕ У СРПСКОМ ПЕСНИШТВУ ДЕВЕДЕСЕТИХ

Нашавши се у ситуацији да трансцендира не само цивилизацијску кризу краја столећа већ и миленијума, поезија је нама самима, ненаметљиво, ипак јасно, поставила исто оно питање које често сами себи постављамо погледавши се у огледало после непроспаване ноћи: „Да ли сам то ја или неко други?" Неки песимистички и цинично-меланхолнични „љубитељи поезије" можда би одмах развили већ познату тезу о непотребности поезије у данашњем времену, из чега би следило да је она сувишност и луксуз за неупућене, а потпуно незанимљива роба за оне друге. Поезија, пак, као специфични *језички дар* живи од тога да можда остане непримећена, без обавезе да онај коме је имплицитно упућена, дакле читалац, на било који начин узврати. Осим, наравно самим посвећивањем *чину читања*. Па и тада, читалац није, уколико се не ради о професионалном критичару, у обавези да о томе било шта сведочи јавно, можда чак ни приватно. Битнији је онај *унутрашњи поглед* којим поетска форма постаје делом његовог бића, када почињу да срастају у јединствено тело.

У каквом је положају српско песништво деведесетих година, на измаку века, и миленијума? Оно се у социјално-културолошком положају без сумње налази у незавидној, подређеној позицији у односу према прози, којој је у цивилизацијском погледу одавно препустила првенство (Павловић, 1997, 7–9). У нашој средини, пак, проблеми се јављају и због пристрасне уређивачке политике појединих издавачких кућа које форсирају не само прозу, већ и одређени тип приповедачке уметности, а постоји и наслеђена предрасуда да је српска књижевност, због своје сталне, вишевековне упућености на историју, управо погодна за развој прозних, а не песничких врста. Коначно, српски књижевни историчари и критичари никада нису много марили за стихове, осим ако је реч о епском песништву. Лирика у ужем смислу речи је тако запостављен и недовољно вреднован жанр, којем се и у дијахронијском и у синхронијском промишљању српске књижевности даје споредно место, иако, што је још чудније, готово да постоји консензус између старијих и млађих генерација о аутохтоном и стваралачки продуктивном трајању наше поезије, која у томе далеко превазилази фикционалну прозу (Деретић, 1997, 281 и Кнежевић, 1997, 13).

Ипак, с друге стране, та скрајнутост уједно омогућава поезији да преиспита своје властите онтолошке претпоставке и свој положај преокрене у бивствовање на *продуктивној маргини*, која изнутра, наглашеном самосвешћу, трајно подрива логоцентричну позицију коју репрезентује Институција Књижевности. Дакле, и она постаје дисперзна – у њу су уграђена поетска искуства различитих песничких генерација и схватања поезије. Најпре, она која афирмишу послератни модернизам током шездесетих година, преко реско-критичке, веристичке и неоавангардне (концептуалистичке) оријентације седамдесетих, да би осамдесете године отвориле пут лирском и епском митопеизму, све до преакцентуације различитих модела певања у складу са постмодерним, индивидуалним избором традиције, што је карактеристично за деведесете и крај века. За књижевност, па и за поезију постмодерног доба својствено је одсуство строго формулисаних песничких школа, покрета или праваца, односно укидање момената *иновације* и *негације* који су одликовали модернизам и посебно авангарду. Песници настоје да поступком *реновације* упишу властито поетско писмо у неки традицијски код, при чему се преобликују често сасвим супротне песничке линије. Притом се фигура *песничког субјекта* или јавља као омекшало, расплинуто „ја", нека врста *илуминације* која изнутра осветљава текст-палимпсест, или се тежи новоуспостављеном субјекту који себе више не жели да види као поље пресецања и укрштања различитих текстуалних тактика и стратегија, већ као фигуру егзистенцијално утемељену у *песничком говору* који омогућава његову непоновљивост, у историјском и метафизичком смислу.

Ипак, није свако окретање традицији естетски релевантно. Српско песништво краја века, на свом другом полу, са часним изузецима показује симптоме једне невероватне песничке сенилије, односно есхатолошке потребе да се вратимо у 19. век, у доба постромантичарског (маниристичког и епигонског) слављења Народа / Нације, Бога / Божанског, Колективног насупрот Индивидуалном и Персоналном. Уз то, посвемашња архаизација поетске форме, било да је реч о некреативном рабљењу тзв. сталних песничких облика, везаном римованом стиху или артифицијелној лексици више се доима као на „силу појање", него „из тмине појање", што би ваљда требало да буде циљ националног пројекта враћања *искони*. *Српски језик*, уздигнут сада на ниво *језика којим проговара сами Бог* једнако је принуђен да трпи немушти младалачке покушаје десетерачких сонета и скрпљене, усиљене напеве зрелих песника. Све то је на жалост подупрто снажним теоријским конзервативизмом и псеудоакадемским елитизмом. *Терор версификације* против које су устали највећи српски песници и теоретичари нашега века (Црњански, Св. Стефановић, Винавер, Растко, Настасијевић и други), враћа нам се данас, на измаку столећа и миленијума као захтев за *песничком имперсоналношћу*, за усавршавањем језичке технологије кроз коју не проговара песниково егзистенцијално искуство, већ *миленијумски бруј наталожен у колективној историји српског народа.*

На срећу, овде неће бити речи о песничком анахронизму и ретроградним моделима (Ђурић, 1993, 1213, 1214), већ о суштински новим моментима који формирају поетички хоризонт српског песништва *деведесетих*, а анализоваћу их на примерима песника различитих генерација. Притом не осећам обавезу да понудим некакву панорамску, прешироку слику разнородних поетичких тенденција унутар савременог песништва, како су то већ учинили М. Пантић и В. Павковић у више наврата (1988, 1994, 5–34), означивши песнике деведесетих углавном префиксом *пост* (нпр. поствeрsти, постлиричари, постмитопеисти, посткласичари, постконцептуалисти). Клонећи се по сваку цену *идеологизације читања* (Пантић, 1994, 20), настојаћу да опишем оне елементе који по моме осећању конституишу *непоновљиви песнички рукопис* сваког од песника чија поетичка свест почива на специфичном *наслеђу суматраизма*, како гласи и наслов ове књиге. Он није нимало случајно изабран. Ова синтагма најпре подразумева упућивање на српску књижевност између два рата и њене бројне персоналне „изме", при чему су песници, поготово експресионисти тежили васпостављању „ја" субјекта, одбацивању сваке миметичности и потпуном релативизовању и необичавању формалних одлика песничких и прозних жанрова. *Суматраизам*, као метафора погледа на свет Милоша Црњанског представља велику обнову романтичарских универзалија и сензибилитета а у поетичком смислу поступак *одуховљења материје,* односно превођење стварносне основе у вишу, апстрактну, симболичку раван која призива архетипове *сна*. Уз то, суматраизам наглашава свеповезаност најудаљенијих просторно-временских елемената материјалне и духовне стварности, позивајући се на свет изоштрених чула, кроз синестезијски симултанизам. Песник поново постаје пророк, бунтовник, гласник апокалипсе који своју субјективну визију упућује Небу, Бескрају, Васељени, као глас „вапијућег у пустињи", или као крик „живог мртваца".

Српско песништво деведесетих вишеструко кореспондира управо са двадесетим и тридесетим годинама 20. века, иако, разуме се, из тога не треба изводити никакве непосредне аналогије, већ само назнаке о потенцијалу одређеног поетичког наслеђа које преломљено кроз искуство целокупног послератног модернизма и неоавангардизма функционише у складу са измењеном духовноисторијском ситуацијом индивидуе/песничког субјекта. Код кључних песника краја века долази до занимљиве појаве тзв. *преливања поетике* из једног жанровског система у други, из поезије у прозу и обратно, отварање ка есеју, критици и мимикријским формама путописа, дневника, аутобиографског романа, наративне прозе, драме, итд. Притом се исте поетичке фигуре артикулишу у различитим контекстима (нпр. код Данилова, Н. Митровића, М. Ђорђевића, Д. Вуксановић). Већина песника тежи *укидању жанровских конвенција поезије, односно прозе*, чак и када привидно задржавају њихову „чистоту". То значи да долази и до промене у разумевању поступака на којима почива наше схватање наративног, односно дескриптивног, лирског јунака или лирског субјекта, при чему конвенције прозе/поезије мењају своју функционалну вредност и преузимају на себе не само одлике и једног и другог, већ постају засебни *дискурзивни универзум* (Ингеншау, 1982, 212). Ово је посебно уочљиво код песника који све чешће у савременој српској поезији бирају тзв. *песму у прози*, врсту која је сасвим извесно прозни жанр, али је њена естетска анатомија поетска, па представља матрицу са двоструком функцијом значења и формалних константи (Рифатер, 1978, 116, 124). Управо се песма у прози, иако нема тако богату традицију у српској књижевности као у неким другим светским литературама, показала једним од најпровокативнијих жанрова у искушавању рецепцијских ограничења читалаца. Том искуству прибегли су, сваки на свој начин, најзначајнији српски песници различитих генерација, као што су Миодраг Павловић, Александар Ристовић, Милутин Петровић, Новица Тадић, Иван Растегорац, Небојша Васовић, Милан Ђорђевић, Никола Вујчић – до Немање Митровића, Д. Ј. Данилова, Дубравке Ђурић, Дивне Вуксановић, Ане Ристовић или Ненада Јовановића. Притом је код сваког од ових песника формални, а самим тим и значењски лик песме у прози остварен на различите начине .

Код Н. Тадића, на пример, песма у прози организује се око зачудне, али веристичке приче/призора који се приближава цртици; М. Петровић, Н. Вујчић и Д. Ђурић пишу неку врсту симултаног стенограма који подсећа на (нео)надреалистички „психички аутоматизам", док Д. Вуксановић своје текстове свесно означава термином „микро проза", иако је и овде реч о жанровској андрогиности. Прави пример таквих текстова сигурно су и песме у прози Н. Митровића, а Ана Ристовић негује неку врсту дуге песме која нема ни прозни ни поетски ритам, али се извесна кохеренција постиже умножавањем хипнотичких слика и наглашавањем визуелног, а не музикалног момента. Н. Јовановић, пак, настоји да своју песму у прози свесно истргне из контекста неке замишљене, дуже прозне целине и да јој да кинетичко убрзање. Можда најчистији пример ове врсте наћи ћемо у поезији Д. Ј. Данилова, аутора који се свесно заложио за њену афирмацију (Данилов, 1998, 20). С друге стране, песма у прози остаје стално отворена за архетипске фантазије и једноставне форме попут мита (М. Павловић).

Српско песништво деведесетих показује, као чини се никада пре, изванредну еластичност стиха /исказа и паралелно постојање различитих, међусобно супротних формалних тенденција: од везанога стиха и сталних песничких облика, преко тзв. „опуштеног сонета" или сонетоида, затим разних типова полиметријског слободног стиха до већ поменуте песме у прози и потпуног преласка на цртицу, кратку причу, новелу или роман, а присутни су и различити покушаји вербо-воко-визуелних пројеката који следе искуства (нео)авангарде и језичке поезије. Песник који је без сумње означио постмодерни повратак традицији везаног стиха је Милосав Тешић (*Купиново*, 1986), у време када је тај замах преовладао у словеначкој поезији (Графенауер, Шаламун, Б. А. Новак) испунивши оно о чему су писали и говорили М. Павловић и Иван В. Лалић још касних шездесетих година, а то је да песништво „у исти мах обликује свет и преиспитује статус сопственог обликовања" (Јерков, 1993, 1220). Тешић је у свом ризичном песничком пројекту показао још нешто – превредновање традиције углавном се одвија иманентно, и то на различитим структурним нивоима (рецимо тематски, версификацијски, лексички и семантички елементи некада могу бити усвојени из потпуно хетерогених поетичких и стилских праваца), али су коначни ефекти код песника иначе међусобно удаљених понекад веома слични. Изванредан пример за то су рецимо последње збирке Алека Вукадиновића *Тамни там и Беле басме* (1995) и Дубравке Ђурић *Клопке* (1995). У првом случају Вукадиновић својом техником музикалног кружења језика и умножавањима парадокса несвесно прелази границу тзв. језичке поезије, док се Д. Ђурић, испитујући најразличитије линеарне могућности спојева језичких елемената, одједном нашла у простору везаног, па чак и традиционалног римованог стиха, који каткада подсети на поезију за децу. И тако се *ружа језика* за поједину поетику нехотично може отворити у правцу обликовања сасвим другачијег песничког дискурса, док у неком другом случају може сигнализирати језичку исцрпљеност, мазохизам и опсесивно самопонављање.

У вези с тим, потребно је поменути и *статус наративног* у лирској поезији, као и све чешћу појаву тзв. дуге песме, или још чешће *поеме*. Код једног броја песника/песникиња нарација се функционално реализује као квазинарација у којој се често мењају исповедне перспективе говорника (нпр. женско/мушко код Радмиле Лазић), док се у песништву Нине Живанчевић она појављује као жеља за што прецизнијим одређењем свога субјекта у контексту различитих цивилизацијских искустава, првенствено путописног и номадског. Даница Вукићевић нарацију користи као иронично средство обрачуна са *неурозом свакодневице*, док Марија Кнежевић, слично англоамеричким песницима не прича причу, већ нам предочава могућности њеног обликовања. На сличном трагу се налази и Ана Ристовић, али је њен дискурс истовремено и дескриптиван и наративан у смислу удаљавања од предметности и ширења језичке реалности.

С друге стране, *дугу песму* увели су поједини песници осамдесетих (нпр. Станиша Нешић, а потом и Радивој Станивук), као обновљени покушај митопеизације света, али на основу преокренутих вредносних система (Нешић, *Митологије*, 1988, Станивук, *Чежња и гнев*, 1991), што је доцније отворило пут поезији бунта, револта и анархичног обрачуна са трагичним егзистенцијалним искуствима рата на овим просторима (Д. Ђурић, Д. Ј. Данилов, И. Негришорац, М. Ђорђевић). Поема се обликује или као драматизовани унутрашњи дијалог фрагмената (М. Петровић, *Нешто имам*, 1996), или као лирска поема омекшалог субјекта (Ж. Николић, *Приближавање, 1982, Испод праха*, 1997). Неки песници, попут Милосава Тешића (*Благо божије*, 1993) или Ненада Шапоње (*Очевидност, 1996)* сами уводе ову жанровску ознаку.

Када је реч о присуству тзв. сталних песничких облика, поред најчешће заступљеног *сонета* (Иван

В. Лалић, С. Раичковић, Б. Радовић, М. Максимовић, М. Тешић, Д. Ј. Данилов), јављају се и различити облици фингираног сонета који не следи његов класичан образац, већ само спољашњу строфичну структуру. Овакве сонетоиде увео је у бивши југословенски песнички простор словеначки песник Алеш Дебељак (*Имена смрти*, 1985), а затим и измењену терцину *(Речник тишине,* 1987), да би сличне моделе код нас користили пре свега Саша Јеленковић и Саша Радојчић, два песника на које је Дебељакова поетика оставила највише утицаја. Милосав Тешић, поред низа интернационалних песничких образаца уводи и своју варијанту, тзв. *сонет продуженог трајања*, а Д. Ј. Данилов тзв. *сонете-псалме.*

Посебно је занимљива тзв. форма *палимпсеста* који је постао препознатљив песнички амблем Д. Ј. Данилова. Он по структури представља текст који такође кокетира са прозним фрагментом, а основно ритмичко средство су ефектна опкорачења. Палимпсест, с друге стране, омогућава песнику понирање у дубину, дакле по парадигматској, метафоричкој, а не метонимијској оси (што је, рецимо, карактеристично за Ненада Милошевића), или још чешће, осциловање између ова два пола, а то је карактеристика постмодерног дискурса. Уједно, палимпсест је увек индиго кроз који се назиру трагови неког другог писма, па се у њему морају најчешће потражити богате, али често скривене интертекстуалне релације између појединих песама и њихових литерарних, филозофских или визуелних предложака (Б. Јовановић, М. Тешић, Н. Митровић, З. Ђерић, Р. Лазић, С. Нешић, Р. Станивук, В. Карановић, М. Орлић, С. Јеленковић, Д. Вуксановић, Н. Јовановић).

Иако у савременој српској књижевној критици постоји жеља за систематизацијом и одређивањем појединих типолошких начела као што су нпр. термини *неосимболизам* (Јовановић, 1994) или *транссимболизам* (Брајовић, 1997), као и *транс-*

авангардна и *симулационистичка поезија* (Ђурић, 1993, 1214), ови термини се морају узети крајње условно и са највећом мером опрезности, поготово што се они изводе на основу пређашњих историјских категорија, а не, рецимо, према начелу самоименовања појединих индивидуалних поетика. Ако је реинтерпретација традиције нешто што несумњиво повезује све песнике краја века, онда се морамо упитати постоји ли нешто што је свима њима заједничко и да ли је то некаква естетичка вертикала садашњег тренутка, или случајно сабиралиште каткада супротстављених тенденција?

Вратимо се поново наслову *наслеђе сумаtраизма*. Он несумњиво укључује персоналну, индивидуалну, субјективну компоненту која пресудно обликује свет песничког текста. Истовремено, он асоцира на наслеђе романтизма који је био значајан за артикулацију симболизма и експресионизма, а код савремених песника значи обнову *чежње за бескрајем*, у свету у коме је *текстуалност* надоместила историју, метафизику, религију, па чак и саму психологију стварања. Отуд се *језик* појављује као *медијум сна и сећања*, као призивање онтолошке, заувек изгубљене пуноће у трену човекове неумитне смртности. Вечито подвојен изнутра, лирски субјекат/јунак поседује могућност бесконачних преображаја *унутар* и *изван себе/сопства*, а његово *ја* постаје (не)повлашћени део избледелих граница између пребивања у тексту и свету. Та пукотина између текста и света јесте извор *светости*, која нема ничег заједничког са религиозним у традиционалном смислу речи, већ са различитим облицима *мистичких искустава* којима се, слично Кодеру или Лотреамону можемо приближити једино сталним искушавањем *неизрецивог*.

Али исто то искушење једнако се односи и на читаоца/критичара. Хоће ли он дозволити да га песник повуче за нос, заведе својим звуком а не додирне, или ће заједно са њим доживети непоновљиве еротске екстазе и суочење са својим страхом, чуђењем, запитаношћу? Са тајном свога ја, али не као психосоцијалне, већ егзистенцијално-естетске категорије? Због тога ће вероватно „оно што се нама чини толико различито и једно од другог удаљено, неки будући тренутак можда неће сагледати до краја тако. То је, наравно, питање перспективе" (Карановић, 1997, 17). Јер ово је, после свега, и књига о *мени*. И о *теби*, још увек.

ROSE AND WOUND

Though nothing can bring back the hour
Of splendour in the grass, od glory in the flower;
We will grieve not, rather find
Strength in what remains behind ;

В. Вордсворт

I went to the Garden of Love,
And saw what I never had seen;

В. Блејк

enak je pevec vencu poezije.

Ф. Прешерн

Недавно објављени зборник радова *Милосав Тешић, песник* (1998) даје сликовит пресек основних праваца/координата у чијим се оквирима до сада претежно читало, тумачило и вредновало песништво једног од најособенијих и најзахтевнијих савремених српских песника, почев од прве објављене збирке *Купиново*. Она је, како је већ наглашено, наговестила кључне поетичке линије песништва деведесетих, иако је, а то важи и за доцније Тешићеве збирке, посебно за последњу *Прелест севера, Круг рачански, Дунавом* (1996), остала прилично усамљена у начину *поетске комуникације са традицијом*. Критика је, међутим, готово једногласно реаговала на песниково размицање фонетских, морфолошких, лексичких, синтаксичких и формалних могућности српскога језика, односно дијахроније која претходи Тешићевом песничком пројекту.

Милосав Тешић је, као пре њега Бранко Миљковић, али са много више доследности, рекла бих готово програмске нужности, отворио свој поетски модел у два смера – према споља и према унутра – при чему се и један и други смер препознају као лице Истога, па ипак различито осветљеног. Он се према националној традицији поставио на битно другачији начин него његови претходници, генерацијски вршњаци, па чак и поједини млађи песници. Обнављајући, рецимо, метричку традицију из „златнога доба" српске модерне, Тешић је истовремено преобликује увођењем сталних песничких облика из других књижевности, махом романских (сонет, станца, децима, триолет, рондо, балада, балата, лауда, итд), у чему видим одступање од преовлађујуће традиционално-фолклорне парадигме коју негује већина српских песника везанога стиха.

Истовремено, међутим, песникова хармонична форма изнутра се оплођава различитим утицајима из националне традиције, при чему је највидљивији управо њен митолошко-фолклорни, али и културно-историјски слој. Он се, упркос томе, појављује тек као палимпсест кроз који, захваљујући невероватној гипкости Тешићевог језика, просијавају међусобно разнородни седименти српске песничке традиције од средњега века и барока, преко за овога песника најзначајнијег романтичарског и неоромантичарског импулса (симболизам и експресионизам/суматраизам), који каткада призива гротескне спојеве авангардиста (Винавер) или херметичко визионарство једног Настасијевића. На синхронијског равни за Тешића је чини се витална она линија која иде од Б. Миљковића, преко А. Вукадиновића до Ивана В. Лалића.

И управо се ту крије неуралгично и неухватљиво језгро ове поезије: интернационални обрасци доживљавају се као нешто присно и блиско, као да су одувек постојали у нашем језику. Митолошко-фолклорни штимунг због којег је у редовима традиционалне и конзервативне критике ова поезија првенствено високо вреднована као аутентични допринос васкрсавању *матерње мелодије*, мада понекога читаоца управо то може одбити својом очигледношћу, овде се појављује сасвим очуђен и подвргнут „артистичком хируршком резу" којим се селективно бирају елементи мање или више радикалног отклона од те исте традиције. Другим речима, свет који настањује Тешићеве песме у којима су присутни елементи етнолошког, магијског и фолклорног наслеђа јесте истовремено свет-пребивалиште субјекта „лирског удеса", па се он битно преобликује (црнохуморно, гротескно, фантастично, лунатички, апсурдно, али и баладично, молитвено, исповедно) у складу са могућим значењским потенцијалима.

Још једна постмиљковићевска компонента незаобилазна је приликом промишљања Тешићеве поезије. То је њена наглашена *метапоетичност*, у смислу поетике као предмета певања, и у смислу артикулације лирске сугестије кроз разумевање њених свеукупних формалних својстава. Због тога се извесне теме (као нпр. љубавна/еротска или егзистенцијално-спознајна) овде појављују имплицитно, често у подређеном односу према неким другим темама, али једна другу међусобно условљавају захваљујући звучно-семантичким окретајима на којој почива богата *флореална топика/симболика,* а она овога песника најнепосредније повезује управо са наслеђем европског романтизма, па преко њега и са декаденцијом, симболизмом и експресионизмом.

У овој анализи покушаћу да издвојим и тумачим један сегмент песникове поетике/поезије за који мислим да је остао потпуно незапажен, а кључни је за њено разумевање управо у контексту *поетичких фигура деведесетих*. У последње време појавило се неколико текстова у којима се са чисто формалистичког или, пак, идеолошког приступа скреће пажња на оне аспекте Тешићеве поезије који читаоцу нуде један особени *поглед на свет* близак сензибилитету епохе краја века (Негришорац, 1998, 171–190, Стипчевић, 1998, 13–23, Симовић, 1998, 25–31, Микић, 1998, 33–56, Павковић, 1998,

233–248, Јовановић, 1998, 249–268). Реч је о специфичном начину увођења појединих мотивско-тематских јединица које почивају на преплетају/укрштају унутар сталног (римованог) хармоничног песничког облика, али постижу зачуђујућу *семантичку дисперзивност* и због тога се перципирају само на том очигледном формалном плану, док је дубински слој њихове значењске структуре скривен и шифрован у наглашено чулном језику Тешићевих метафора. Притом, како сам већ истакла, флореална топика омогућава песнику поигравање са (не)прозирношћу значења, нудећи бројне стазе тумачења, баш као у француској бајци *Лепотица и звер*. Јер она стаза којом намеравам да се упутим вероватно ће ме одвести до замка у коме заточен живи принц преображен у страшну неман, чудовиште које испашта своју немогућност да воли. И који у закључаној соби, далеко од погледа оне која ће га то научити чува *ружу*, чије латице свакодневно опадају подсећајући га да време истиче и да се *епифанијски тренутак озарења – казивања тајне чудесне* можда неће никада ни десити. Или ће то бити, можда, сада већ непотребно, заривање ножа *руже-убице право у песниково срце*. Освета или спознаја? И једно и друго, вероватно.

Неколике дуже песме Милосава Тешића садрже тематско-значењски потенцијал који се тешко може ишчитати уколико се има у виду само српска песничка традиција, поготово довођење у везу било са њеним фолклорним или митолошким делом, било са неким блиским сродним типовима (нпр. Кодер, Лаза Костић). Због тога се *измештање* из националног корпуса (на њено спољашње измештање у смислу коришћења сталних песничких образаца из других литерарних традиција већ је указано) мора промислити и синхронијски и дијахронијски, а пре свега у поређењу са сродним песничким пројектима, макар и онима из прошлости. И то песника који нису писали на српском језику. Али ће се уједно показати, да иако исходећи из, рецимо, универзалистичке шлегеловске романтичарске поетике, поједине Тешићеве песме/ /поеме су у својим носећим метафоричким окретајима кореспондентне са најзначајнијим српским песницима од Б. Радичевића и Л. Костића, преко В. Илића, Диса, Црњанског до Растка и Настасијевића. Тешићев песнички модел тежи *тематско-значењском хармонском сливању,* при чему је једна тема (као у полифонијском музичком делу) увек истакнута, подржана *звучно-ритмичким средствима,* док су друге само привидно запостављене и неразвијене. Ипак су ту присутне, и могу се у сваком моменту развити, зависно од микро и макро контекста у којима се тумачење утемељује.

Чини се да је Тешићевом (у исходиштима класичном) поетско/поетичком систему најближи велики словеначки романтичар Франце Прешерн. Прешернова поетика, као и Тешићева, почива на тематско-значењском укрштају четири кључна комплекса који се провлаче кроз читав песнички опус. То је тема песништва, односно аутопоетичка проблематика, еротска/љубавна тема, егзистенцијално-спознајна и не на на последњем месту културно-историјска, односно национална тема. Прешерн је вероватно највећи јужнословенски романтичарски песник код кога се *спознаја љубави према жени* прелама кроз дијалектику непрекидног егзистенцијалног ускраћивања на свим плановима. И сама та љубав, као врховни онтолошки принцип, на крају се слама и урушава у апсурдности љубавног жртвовања и не прелази у трансценденцију, иако јој непрестано тежи, већ осцилује између *изгубљених илузија* и епифанијског тренутка у коме је та љубав једино и бесмртно могућа, у *венцу поезије* на свом матерњем језику, која на тај начин не постаје само дар вољеној жени већ и своме народу / завичају / култури / књижевности. Тако *цветови поезије из краја у коме сунце не греје* указују на њихов лични (субјективни), као и метапоетички карактер („Облик је посуда твога имена", каже

Прешерн у својој првој *Газели)*, али несумњиво истиче и иновацијски моменат за национално песништво.

У случају поезије Милосава Тешића, посебно песмама на којима ћу се задржати, доминантни правац тумачења концентрише се управо око љубавне / еротске теме, из које се, слично као код Прешерна изводе и остала значења. На први поглед, што га опет повезује са неким значајним модернистичким песницима других литература (нпр. са Јосипом Мурном или А. Г. Матошем и В. Видрићем) Тешић није љубавни песник, или није примарно љубавни песник, јер је слично В. Илићу или Ивану В. Лалићу, али и Настасијевићу његова имагинативна снага превасходно утемељена у *медијуму пејзажа*, односно оним визуелним елементима који изнутра обликује његову динамику и лепоту.

Стога је *пејзаж,* а с њим и флореална топика симболички простор у коме се одвија љубавни и егзистенцијални удес лирског субјекта/јунака. Притом, и мислим да је то за Тешићеву поезију ове врсте важно нагласити, није реч о простом супротстављању тзв. света идиле/руралних односа и урбаног (отуђеног) живљења, већ о свести да та два света немају исте симболичке претпоставке, али су подређени неумољивом протоку времена које песнику открива *застрашујућа скамењеност језика*. Отуда Тешић толико инсистира на топонимима и архаизмима, на својеврсној *патинизацији форме* којом жели да сугерише неприметно, али стално осипање времена које нам, како то пише Вилијам Вордсворт у својој *Оди бесмртности сећања на детињство* никада више неће вратити *сјај у трави, нити узвишеност цвећа*. Може нас само научити да спознамо *оно што остаје иза тога*, оно што доноси *зрелост мудрога духа*. Језик нам може сачувати сећање на оно што смо били, што смо сада, и што ћемо бити. И једном, када нас у физичком смислу не буде било.

Али, каква је природа пејзажа који је основни простор материјализације Тешићеве љубавне поезије? То је слика блејковског Врта Љубави, у којој тај пејзаж „распусно, чулно превире" . У њему се дешава нешто што раније никада није виђено ни доживљено, али је могуће у стању измењене свести, у „растрој-чулима". И не само то: тај пејзаж показује могућност метаморфозе од стварног предела у коме царују биљке, а с њима и лирски јунак („ у жамору шумског биља / где ме звери препознају"), у једном посебном виду орфејског саобраћања, анимистичког свепрожимања и метафоричког једначења са душом биља, до хтонских понора који припадају оностраном („Други је живот иза црнине: / Са другом дружбом онде свањујем / и синем, синем уврх стрмине, / са друге булке грејем, жарујем"). Истовремено, тај предео може бити *артефакт, визуелни знак, слика – најчешће фреска* чија „журба колора" подсећа песника да јој не треба његов муцај. Пејзаж тако може имати различите имагинативне подстицаје, али је увек предуслов развијања еротско-егзистенцијалне-аутопоетичке драме која тракловски деформише уравнотежену, на моменте естетицистичку слику Тешићевих призора / ентеријера / екстеријера запаљених, али и *зачараних* „жишком лудила". Отуд је паликућа који се појављује у меланхолији јесењег поднева у поеми *Благо божије* исти онај убица из песама *Љубовиђа* и *Rosa canina* који „узалуд трже прозукле жице" и моли за надахнуће *демона љубави и спознања* (Д. Кете), али истовремено „убија оно што буди", како би то рекао Настасијевић. Жижак лудила увек је у клици слике сваког предела и упућује на његову померену, лунатичку, фантастичко-гротескну пројекцију која се рађа у тренуцима надреалних визија, када се лирски јунак нађе у парадоксу између изрицаја тајне коју скрива од самога себе и свести да се она само поезијом може артикулисати. Егзистенцијална дијаболичност на овај начин обезбеђује Тешићевој љубавној поезији високи степен рефлексивног набоја, али се он не остварује на дискурзивној, већ на реторичко-метафоричкој равни.

Зашто је *Rosa canina* у првом реду песма посвећена љубави према жени, а затим и својеврсна аутопоетичка молитва? Односно, истовремено и једно и друго. Прецизније је чак рећи да је то љубавна балада, јер је заснована на баладично-бајколиком мотиву просца што „скитајући страсти троши" и „језди на коњу белцу". Лирски јунак налази се у кризном тренутку „распуклих сања", Прешерновог топоса „изгубљених илузија". Али, Тешић ће употребити баш синтагму „распукле сање" јер њихова експресивност наглашава интензитет чулног и телесног насупрот духовном и петраркистичком. Молитвени шапат, рефренско обраћање *дивљој ружи* неодољиво подсећа на читаву традицију енглеског песништва од средњега века до романтизма, при чему ружа оличава врхунски мистички принцип *девичанске чистоте*, али и њене мрачне утробе, сексуалности и смрти (упоредити поменуту Блејкову песму *Врт љубави*). Песник транспонује топос руже као мистеријског и зато панеротског принципа света који опстојава сублимирајући супротне принципе телесног и духовног („са химен-хума блесак буктиње" или „круни се у ме ружа божица", односно „У чедном часу чулнога чина"). Тело које је опхрвано сексуалном жудњом сели се у „чашку крина" истовремено мењајући супстанцијални идентитет, али и допуњавајући га другим / женским принципом са којим постаје исти *телесни космос*, односно *тело као свет* (познати експресионистички топос који налазимо и у Растковој песми *Тамна Ева*). „Ружа божица" чије се латице круне у тело лирског јунака значењски је повезана са: мотивом руже-убице („Од моје руже флора страхује"), врхунцем љубавног заноса оличеног у „чедном часу чулнога чина", са спознајом о хипотетичној вредности бића и спознаје дате у упитној форми („Није ли биће гашење жара") и скривањем тајне, тајне чудесне којом ће лирски јунак готово химнично објавити своје *катарзичко очишћење и вазнесење*.

Али, шта је заправо суштина тајне која се казује „из срца Оца кроз срце Сина"? То јесте свест о *љубави као таквој*, али о љубави коју на крсту спознаје *Син божји*, дакле *Богочовек, фигурација самога песника*. Спознаја љубави кроз напуштање *божанског* и препуштање *ранама* које стварају патње људског и мушког тела. Дакле не његове негације, већ његове различитости. *Седма свитања*, апокалиптични тренутак венчавања раја са паклом означава *вапај* лирског јунака који је до *неизрециве тајне* дошао жртвовањем телесног принципа. Уздижући га, истовремено, на раван метафизичког исходишта. Тако се у песми *Rosa canina* успостављају обриси својеврсне *дијалектике еротског* која има своју орфејску (аутопоетичку) димензију молитве за *надахнућем* песника чија је егзистенцијална целовитост доведена у питање („Сабирци моји немају збира"). Уједно, спознаја омогућена телесним чином одвија се на самој граници другог света, света помраченог ума у халуцинантном пејзажу који поприма језовите контуре унутарњег хаоса лирског субјекта. Такође, превазилажење телесног принципа, који слично као код Настасијевића представља *изазов прекорачења табуа*, али и истовремено ослобађање од тескобе властите подвојености, сублимира се у *епифанијском тренутку спознаје Божанског* које се, међутим, нигде не објављује (Јовановић, 1998, 265).

Топос *руже/жене* појављује се у битно измењеном контексту у једној октави и једној децими из Тешићеве збирке *Прелест севера, Круг рачански, Дунавом*. Реч је о песмама *Девојачки брег* и *Ружа Будима*, које је на адекватан начин већ анализирао Радивоје Микић (Микић, 1996, 197–202). Аутор је овде указао на значајну промену која се одиграла у свести лирског субјекта/јунака, који се сада нашао у другачијем цивилизацијском окружењу, изложен осипању историјског времена, сеобама, лутањима, па и другачијим симболима. Такође су запажени и њихови текстуални предлошци, Радичевићева и Дисова поезија. Стога је потребно одредити у каквом је односу Тешићева артикулација *еротског* у односу на ову двојицу песника. Да ли их она подражава, или их преобликује, преобликујући истовремено и властиту артикулацију еротског, како је то анализовано у песми *Rosa canina*?

Бранко Радичевић је, слично Прешерну, прешао сличан пут у поимању еротике – од наглашено чулне, разуздане анакреонтике, преко потпуне спиритуализације љубави према жени, до деградације идеала, било кроз иронијски отклон од патетичног (Радичевић), било кроз отрежњену, свесну рационализацију својих некадашњих илузија (Прешерн). Занимљиво је, међутим, да се у песми *Девојачки брег* уз Радичевићеву експлицитну сензуалност коју Тешић *подразумева* у хипереротизованом пределу („Тек с девојке, као по диктату, / склизне рухо – а јечам у злату", „Изнуђено рекнем *детелина*, / а коленом већ процвета она / и оспе се, игром тајног чина, / пурпур-стидом са насловног трона") уводи и мотив „тамне руже Дисове мекоће". Које начело спаја ове две *еротске имагинације* преводећи их истовремено у поетички систем једног трећег песника? То је, без сумње *метапоетичка димензија* која речи, мотиве, топосе својих претходника третира као *крхотине* које чува *Брег* својим именом, а то име асоцира на трансформацију жудње у чежњу и сан/смрт (однос између Радичевићеве и Дисове еротике), али истовремено упућује и на архетипску заснованост у синтагми *Венерин брег*. Градећи читаву песму као *параболу заборава*, Милосав Тешић артикулише *присуство пролажења* („позна зрелост у корову спава") и *присуство девојачке главе* у икони, чиме се идеална/уснула/мртва драга овековечује у строфи која песника магијом дира, и како каже А. Г. Матош „буди у нама оно гдје су бози".

Ружа Будима поново активира песников омиљени флореални топос *руже,* који је исто као и у *Rosi canini* део насловне синтагме. Ово је песма/балада *носталгичног сећања* на „пламсај бића". Мотив лутања (стварног, физичког и унутарњег, психолошког) изванредно допуњује основну тему спремности да се љубав, жива љубав препусти *поезији,* и да песников „крст изгона" сада постане „симетрија лирског облика". Егзистенција се подређује свести о обликовању те исте егзистенције. Све оно што је у песми *Rosa canina* још увек била само назнака ка победи *форме* над „растрз-стањем" сада се утапа у „порфиру ништине" који лик лирског јунака попут зрачне призме расипа у илузију. Али није више реч о „распуклим сањама", већ о *илузији рефрен-ауре,* која се песнику враћа попут одјека чисте материјалности, огољеног звука на фону *слуха тишине.* Па ипак, тишина не мора да значи само мук, апсолутно замирање – она је исто тако и стање драматичне напетости, пред прскање дамара, пре песниковог крика „речи што не збори се". Та реч може, ако не желимо да је именујемо, бити *ружа.* Али уз њу мора стајати још једна реч, за коју сам у наслову текста употребила енглеску, јер у гласовном смислу асоцира на сурвавање, понор у којем се губи песников глас, готово без одјека, увек после изреченог. Та реч је тако близу *могрању лудила. Wound. Рана.*

СВЕДОК САМОЋЕ И ТИШИНЕ

Између сна и тоталне анестезије

Поетичке метаморфозе Милана Ђорђевића није било лако предвидети, и свако критичарско визионарство могло се на крају испоставити као јалова, геометријска рачуница људи које песнике доживљавају попут ретких, егзотичних биљки чије је место у хербаријуму, или скупоцених поштанских марки што својим трајањем надживљују власнике. Овај аутор не припада онима који стихове пишу од сајма до сајма, од једне до друге књижевне награде или мегаломанске промоције. Размак између збирке *Пустиња* (1995) и претходне Ђорђевићеве четири књиге био је велики, можда чак исувише, ако имамо на уму несрећну околност везану за тешкоће које поједини аутори имају приликом објављивања својих рукописа. Подсетићу на хронологију тих збирки: *Са обе стране коже* (1979), *Мува и друге песме* (1986), *Мумија и ћилибар и врт* (1990). Ова последња ауторова збирка само потврђује да Ђорђевић ствара споро, концентрисано и далеко од „гушења, тромог капљања" београдске јазбине у коју се увек враћа попут каквог „урбаног номада". Ако је у две прве збирке песник иронично стилизовао покожицу свакодневице, али без њене апокалиптичности, задовољивши се повременим бунтовним и саркастичним коментарима, од збирке *Мумија* може се пратити постепена интериоризација, поунутрашњење Ђорђевићеве перцепције света у правцу *обнове лиричности* и естетизованог односа према језику.

Пустиња је у томе смислу врхунац ауторове промењене поетичке визуре – она не само да почива на рафинованим стилско-метафоричким и ритмичко-прозодијским решењењима, што је примарна одлика лирике, већ и на узбудљивој, сетној (ауто)рефлексивности која заобљава и интензивира реторичке ефекте Ђорђевићевог песништва. Није претерано рећи да песник обнавља неке поступке који су особени не само за традицију српског, већ и словеначког, енглеског, америчког, руског, немачког, португалског модернизма, првенствено симболизма и експресионизма и њиховог послератног наслеђа.

Ово се посебно односи на дескрипцију пејзажа, деперсонализацију/колективизацију лирског субјекта напоредо са његовим говором/исповешћу, меланхолнична атмосфера, синестезијска прожимања слика, спори, заустављени ритам стиха који може образовати терцину, али и готово прозни палимпсест – насупрот формама у везаном стиху које аудитивно асоцирају на класике српске модерне Пандуровића и Диса, до убрзане, синкопиране, симултане фактуре неоавангардног песничког модела. Овакав формални лик Ђорђевићеве збирке управо сведочи о различитим, али ипак обједињујућим темама које се сустичу у симболици наслова. Ако једним својим полом *пустиња* јесте метафора универзалне цивилизацијске, па и планетарне пустоши коју насељавају још једино „деца ентропије" и „давно програмирани хуманоиди", она на другом полу још увек призива сећање на примордијалну чистоту, пуноћу и плодност. Јер, и тако празна, она је друго име за *жуђену лепоту*, чије „ивице блеште, као да светле саме од себе", како је то записао један од Ђорђевићевих омиљених песника, Растко Петровић.

У тој Растковој реченици, чини се, лежи исходишна тема ове збирке – туга због изгубљене лепоте и сећање на њене пропламсаје у немом говору ствари. Да ли то песник призива лепоту речима? Као да непрестано изазива и промишља властиту мучнину због (не)могућности именовања бића и ствари: „Па имена ствари остају у безимености / као икра у лососима, као у земљи / хиљадама година мамутове кости" („Имена ствари"). Или: „Напуштају га имена бића и ствари. / Била су му хлеб, мед, изворска вода / чији ми шумор још увек слух жари... / Још не зна шта га чека у безимености. / Можда суви бескрај сахарске јаловости?" („Речи"). Тамо где је једном лирски јунак био сливен с митским прапочелом, где је разумевао говор ствари, створила се пукотина историјског времена, заувек га одвојивши од примарне лепоте и невиности изрицања.

Отуда је и читави први циклус *Тишина и снег* прожет својеврсном елегичношћу спознаје заборављеног, минулог и непоновљивог дотицаја супротности, које једино призива песников глас. Ђорђевић има изванредну способност да песму изгради кроз умекшали, сфумато контраст светло/тамно, материјално/спиритуално, еротично/духовно, једном речју колористички интензивно насупрот неутралном, што је кореспондентно семантици тако остварене форме. Управо тај поступак указује на *Бодлерово стилско наслеђе*, које се метафорички артикулисало код већине песника модернизма: „И с њима путујем, клизим од рођења ка смрти, / као ледени брегови од Гренланда ка југу и маини, / као детињство старца ка забораву и празнини" („Рађање").

Овај специфични *суматраизам* Милана Ђорђевића продубљује се у централном циклусу збирке *Из дневника*, чији наслов упућује на својеврсне песничке посвете које имплицирају ауторов лични говор, обнову „ја језгра" кроз тумачење поезије властитих поетских и духовних сродника. Овде се појављују обраде појединих мотива поезије Србе Митровића, Томажа Шаламуна и Алеша Дебељака, али и алузије на прозу Радослава Петковића, Драгана Великића и Михајла Пантића, као и на филмске кадрове Вима Вендерса. А управо су ове посвете, иако скривени дијалог, песников *самоговор*. Са самим собом. Са својом усамљеношћу и очајањем. Са револтом, бесом и огорчењем. Са резигнацијом, гађењем и отупелошћу. Јер овај циклус носи нешто од згађености над светом Црњанскових *Видовданских песама* и његове горке спознаје да је Бог неповратно мртав (песме „Енциклопедије, речници, хербаријуми" и „Зашто, зашто си ме оставио?"), те да данас владају симулакруми зла и извитопереност („Равнодушност и злочин", „Џунгла", „Игра", „Прошлост").

Уводећи топоним Београда као симбола цивилизацијског расула („Мрак и млеко"), песник му супротставља чежњу за додиром ствари („Хоћу да будем опет наг попут нара") и путовањима на југ („Медитеран" и „Крит"), која имају вредност *еротичког искуства*. Због тога се млеко и поморанџа појављују као метафоре сласти/опојности и пуноће, насупрот леду, ињу, пустињи, песку, који означавају стање потпуне обамрлости, негацију покрета и живота. Тако се значењски дијапазон назначен у првом Ђорђевићевом циклусу овде проширује, преводећи жудњу за лепотом у осебујну *чежњу за животом*, који је увек и свагда негде другде, у зрнцу атоског тамјана, опорости Португалије, усред града Кјота, а не на замагљеном прозору изнад којег је „мутно небо сво". Овај аутентични *виталистички зов* није код Милана Ђорђевића ни песничка поза ни патетични одушак емоцијама, већ знак најдубље егзистенцијалне кризе цивилизације, и поготово наше српске средине која је виђена метафорама „житког блата" или „мрљама боје крви или рђе".

Завршни циклус *Обично путовање* васпоставља ова питања кроз културно-историјску тему *путовања* тако блиску српским писцима (Дучић,

Исидора, Црњански, Растко, али и М. Павловић, J. Христић, М. Тешић, Р. Станивук). Иако је у већини песама последњег циклуса песник призвао у свест версификацијске варијанте српске модерне, оне, и поред постмодернистичког ретуша понекад зазвуче традиционално. Милан Ђорђевић затвара значењски круг своје збирке одлучним одбацивањем *имитације* живота и опредељивањем за *ћутњу и белину собе*, који су његово пусто острво и „оаза сред пустиње где ми је сумрак једина музика". Надолазећа лепота оличена у ултрамарин плавом указује се тако као смирење после унутарње песникове апокалипсе.

Наслеђе суматраизма

Чак и да на полеђини књиге није открио паралелни идентитет између Милана Новкова и Милана Ђорђевића, читалац би, чини се, без много тешкоће схватио да књига кратке лирске прозе *Глиб и ведрина* (1997) припада овом другом, песнику и есејисти, док Милан Новков ту фигурира као *друго име,* као *замена/маска* којом се песников *поетички идентитет* унеколико мења, упркос јасно уочљивом континуитету са претходном, у критичкој рецепцији неправедно запостављеном песничком збирком *Пустиња.* Jep поменута збирка није само до сада најзначајнији и најзрелији ауторов песнички резултат, већ је у много чему парадигматична за садашњи тренутак српског песништва који је обележен, између осталог, и обновом *лирског визионарства* што се одоси на специфичне облике *суматраистичких сагласности* на којима почива дело М. Црњанског и осталих значајних аутора међуратне књижевности.

Баш због тога, или упркос томе, најновија књига Милана Новкова / Ђорђевића потврђује видна поетичка померања када је у питању не само савремена српска поезија, већ и проза: жанровско колебање, промена стиховног говора у прозни или обрнуто. То је карактеристично за многе ауторе, поготово оне код којих је у самој поезији од почетка постојао наглашени импулс за нативношћу и дескрипцијом, али и за оне чији је лирски поступак увек могао значити искорак у лирски запис, песму у прози, цртицу или есеј. Поменућу само неке: Васа Павковић, Милован Марчетић, Нина Живанчевић, Јелена Ленголд, Д. Ј. Данилов, Станиша Нешић, или у обрнутом случају, што је можда и занимљивије, рецимо, Милета Продановић, Милан Орлић или Немања Митровић. То показује да је крај века у српској поезији много сличнији међуратном периоду српске књижевности, него крају прошлога века, како је то у свом критичком приказу *Пустиње* забележио М. Пантић, када су готово сви најзначајнији српски песници постајали и родоначелници авангардне прозе, а у неким случајевима и драме.

Глиб и ведрина у поетичком смислу тако, слично Црњансковим делима *Лирика Итаке*, *Приче о мушком* и *Дневник о Чарнојевићу*, чини нераскидиву целину са збирком *Пустиња*, као што се може говорити о везама између Даниловљеве трилогије *Кућа Бахове музике* и *Алманаха пешчаних дина*, или приповедно-поетско-есејистичком циклусу *Из поларне ноћи* Милана Орлића. Када је реч о лирској прози Милана Ђорђевића, везе са стиховима могу се успоставити на више равни, у првом реду на тематско-мотивској: људска и списатељска усамљеност као егзистенцијални избор али и нужност, јетка критика друштвених, националних и цивилизацијских оквира београдског и балканског простора, чему је супротстављен неки астрални, најчешће јужни *суматраистички предео*. Даље, аутор разобличава погубну тоталитарну идеологију која људе, како је то говорио Киш, своди на „употребну вредност". Истовремено, Ђорђевић слави екстатичну опијеност Животом/Сексуалношћу, али уз сталну свест о неумитном проласку времена и стално присуство *memento mori*. На стилско реторичком нивоу, аутор продубљује основне интенције збирке *Пустиња*, још више наглашавајући свој естетски и артистички однос према језику, пре свега меланхоличнични штимунг као и синестезијска прожимања *чулних гозби*, промене у реченичном ритму и изразиту симболизацију унутрашњег субјективног доживљаја који се увек пројектује у неком жуђеном метафизичком пејзажу.

С друге стране, контрасни доживљај света (тишина насупрот крику, изолованост од живота и јавни ангажман, лепота и гнусоба, озарење и згађеност, молитва и псовка, једном речју *глиб и ведрина)*, иницирао је ауторову одлуку да се после затворене форме којом завршава претходну збирку опроба у некој врсти фингираних аутобиографских текстова, па и оних о другима, определивши се за кратку, лирску прозу различитих наративних позиција: најчешће у „ја" форми, али и у трећем лицу, па и у форми обраћања, замишљеног дијалога са собом и другима. И управо је ова аутобиографска одредница ја/други можда пресудно утицала на Ђорђевићев прелазак са језика поезије и стиха, на језик прозе/дискурса. На овакво тумачење наводи и ауторов мото са почетка књиге, заправо једна реченица из писма пријатељу Т. Ш: „О себи говорим као о другоме, а о другима као о себи". И у првом и у другом случају могуће је превођење на општији ниво приповедања и стварања потребне дистанце, као и лирска интериоризација оних „других".

Од четири прозна цилуса књиге *Глиб и ведрина (Изгнани, одбачени, усамљени, Скоро невини, Храна, Име)* први обимом заузима готово половину књиге и најбоље илуструје претходно изречену ауторову опаску, и то кроз фикционализацију биографских елемената култних уметника 20. века (Кафка, Ахматова, Мандељштам, Тракл, Цветајева, Арто, али и Сава Шумановић, Бора Станковић, Дис и Црњански). Избор по сродности духа, стваралачког опредељења и трагичној изопштености из света потенцирао је основну Ђорђевићеву идеју овог, наративно најхомогенијег циклуса – „судар свемоћног, слепог насиља и немоћне племенитости". Користећи различите приповедне форме за ове (квази)биографске фрагменте (дневник, писмо, репортажа, кратка прича, сведочење/документ, парабола), Милан Ђорђевић у литераризованим фигурама најтрагичнијих уметничких судбина види своје властито проклетство песника с краја нашега века, и своју немоћ, али и стоичку издржљивост у опирању свим формама насиља (идеологија, медији, националистичко-шовинистичка заслепљеност, кич, морал, низак морал, отуђеност и манипулација). Уметност и посебно поезија тако су жртве тоталитарних идеологија нашега столећа – о чему је могла само да слути генерација једног Тракла или Црњанског. Ђорђевић у тексту *Pesoa de Lisboa* каже да је овај велики уметник своје лудило доживљавао као „врт, уживање и слободу" против вечитих фантома – три починиоца злочина „Незнања, Фанатизма и Тираније". Бити у крајњој линији песник живота, Света као још непрочитане књиге, а притом, попут Црњанског бити осуђен на вечито лутање између „глиба и надземаљске ведрине", јесте позиција из које Милан Ђорђевић најчешће обликује не само аутентичност властите егзистенције, већ и духовне маркере ове наше „балканске пустиње". У том смислу, понекад је блиско и непосредно довођење у везу једног универзалног и једног регионалног, локалног контекста помало пребрзо и експлицитно изведено, па се стиче утисак дословне алегорезе. Повремено се аутор, као на пример у причи о Бенјамину *Усамљени шетач* лично огласи неком опаском о нашим приликама, што ремети наративни ритам фикционализације *себе у другом*.

Медијалну позицију између литерарних јунака и „ја" форме има следећи циклус под насловом *Скоро невини* у којем аутор критички проговара о културним феноменима данашњице, постепено отварајући простор за тематизацију свог властитог погледа на свет. Нараторов тон добија често полемички замах обраћања филистарско-сељачкој средини којој импонује Вођа и обезличена сила насупрот профињеној психологији *индивидуализма* која непрестано има свест о пропадању и кретању ка смрти (*Светац*). Алегоријска транспарентност цртице *Кловн* допуњава се исповедним, аутобиографским, ауторефлексивним записом *Губитник* у којем аутор себе доживљава као „заточника и заточеника самоће". Као некога ко вечито лута, и на томе путу доживљава епифанијска открића.

Трећи циклус *Храна* везан је за поунутрашњење ауторовог доживљаја *света предметности*, као изворишта заноса и патње, ћутње и вриска, као безграничне, неодгонетнуте лепоте и сласти. Свет, чији је симбол *пустиња,* није само простор ништавила и светлеће празнине, већ и невидљиве пуноће, елејске потпуности и само-сврховитости, метафизички, тангијевски пејзаж у којем ствари, баш зато што их нема, вечно *трају:* „место потпуне усамљености мог и твог тела, простор дивне узалудности, врхунац на коме се суше и у кварцном блистању замиру земаљско и људско. Као хладни одсјаји на оштрици". Љубав, еротика и сексуалност (метафора воде као Вечне женствености) такође допуњавају ово заносно, непатворено предавање Свету – премда би аутор, иначе брижљиви стилиста – могао да смањи фреквентност декадентне слике „нагог женског тела" било у функцији поређења или метафоре. Такође, Ђорђевић као да унутар прозних исказа хотимично записује стихове, и то римоване, па имамо пример који се могао другачије реализовати: „Нисам ничији дар, ничији празник ни жар. Ход ми није ни рачији, ни крзнено мек, тиграсто мачији". Уопште, извесна формална монотонија повремено промине збирком (изузетак је, рецимо, кратка прича о А. Артоу *Нанаки*).

Завршни циклус *Име* тематизује проблем феноменологије имена као нечега што је истовремено и присутно/духовна супстанца и одсутно/ознака за нешто што постоји и нестане. Аутор овоме прилази управо из позиције суматраистичког свесагласја: „Прожимају се времена и простори, дани и ноћи, један другим се хране, јер све је једно, а једно све" (*Исто*). Мистика имена повезује се у цртици *Књига општочена оловом* са мистиком *слова* које означава „одређени део оног нашим чулима недосегљивог простора". Јер досегљиви простор се може освојити гледањем. Макар оно трајало и хиљаду година. Недосегљиви простори припадају причи, приповедању, каткада истрошеним метафорама. *Слову света*.

Чежња и гнев

„Стојимо у месту, у самима себи, / док не дође час обрушавања" пише Радивој Станивук у збирци *Чежња и гнев*, оцртавајући тиме контуре своје специфичне поетике у којој се *лирска медитативности* допуњује или смењује другачијим видовима говора, пре свега његовим полемичко-критичким, реторичко-патетичним или социјално-сентименталним регистром. Станивукова ауторска позиција утемељена је с једне стране у *индивидуалистичкој изопштености* песника чија је егзистенцијална нужност да *говори* упркос свести да је свет изгубио свако упориште (наслеђе Бодлера, Рилкеа) и *вере* да песников глас може призвати *божанско* које се указује у „љубичастим цветовима, трави, одавно згаслим звездама, тишини или гробу". Уз то, Станивук је један од најизразитијих представника српског песништва деведесетих чија духовност/имагинација/тип песничке слике носи енергију експресионистичке подвојености (Хајм, Тракл, Бен) на духовно (чежњу) и активистичко (гнев, бунт). Експресионистичко наслеђе може се препознати и у понекад наглашеној *етичкој димензији* његовог певања – о вечитој трагалачкој страсти и сеобама, али не само због космополитских подстицаја, већ првенствено због песникове чежње да свуда тражи човека, Бога, правицу, љубав, истину – уз поражавајуће сазнање да у бешћутном простору можемо бити само „траг, да нас нема, / да јесмо, у том немању, бол." Песниково суматраистичко обретење одиграће се стога као „тајни прелазак, из флуида у облик, / из ваздуха, у воду".

Облици тога приближавања и удаљавања од себе и свога аскетског завета *самоћи изричаја* могу се пратити у најновијој Станивуковој збирци *Ритмови мегалополиса* (1997). Иако је њена тематско-мотивска потка везана за живот странца у тајанственом, фасцинантном, али исто тако застрашујућем граду *Молоху – Паризу*, она својом четвороделном композицијом евоцира митски циклус смењивања годишњих доба (од лета, преко јесени, зиме до пролећа), односно зенита, опадања, замирања и поновног буђења лирског/васељенског духа. Због тога је топос *ритма*, такође један из арсенала експресионистичке естетике веома чест у овој збирци, означавајући вечни, неуништиви дух природе која „не зна за људске непостојаности", већ само за „чулну и чежњиву самилост промена" (*У марту, кад сунце објављује лепоту лица*).

У прва два циклуса *Сиротињско лето* и *Тамничка јесен* Станивук углавном исписује два типа поетске структуре: први тежи за ширином наративног замаха, детаљисању париске свакодневице, уз понекад проблематичне и поетски неуспеле опаске о политичко / националним темама (нпр. други део песме „Сиротињско лето"). Али и то спада у ризик оваквог поетског концепта, који тематизујући свеопшту отуђеност и машинизацију људског духа (полемичко помињање футуристе Маринетија), репродукује и темељни отпор који су модернисти имали према усавршавању *техничке цивилизације,* науштрб *распада и губитка духовности.*

Насупрот овим панорамским, разгибаним и понекад предугачким песмама/ритмовима, други тип поетске структуре почива на усредсређености *лирске свести* на форму и карактер *ониричких пејзажа* који симболизују песникову рефлексију. Ту спадају песме које наговештавају сугестивност трећег и четвртог циклуса збирке *Кровови под снегом* и *Потмуле реке мутнога пролећа,* као што су „Поглед из каменог бунара", „У смирај дана" или „Вече на Сени", уз које се јављају и металитерарни, односно ликовни предлошци (гравуре жерара Трињака). Визуелни подстицај је један нови квалитет који Станивуковој збирци доноси изразиту, готово импресионистичку умекшалост дискурзивно-сликовној фактури већине текстова (слике Гистава Кајбота). *Зима* као симбол ћутања и онемелости истовремено представља изазов стваралачком преиспитивању („Писати...", „Поезија глади"), акцентовање кључних ауторових тема лутања, потраге за првобитним, детињим идентитетом који нас пажљиво уводи у завршни и можда најбољи циклус ове збирке. *Пролећни глас* песников инспирисан је песмама А. де Кампоса, и у њему се атмосфера стишаности и сиесте изванредно прелама са тренуцима у којима се припрема каденца, тај тренутак радости и непосредног додира са стварима, који је повезан са буђењем природе, али и са *вечитим протоком песниковог распршеног јаства* које се може наћи у пејзажу испуњеном алгама и рибљом крљушти, али и у празној галилејској пустињи у којој се појављују ентитети самоће, празнине, пустоши, напуштености. Простор у којем су сва имена заборављена, у којем чак није више ни могућа *објава*, јер је име одвојено од лица Божјег и постоји сада као гола љуштура, као сплет нејасних хијероглифа које нико не уме да прочита. Али то име ипак је *застава љубави*, јер се обзнањује у „пламену и купиновом листу". Као гола чежња и поништен гнев.

ВЕЧИТО МЛАД(А), РУШЕВИНА ПО СЕБИ

Подела улога

Меланхолија, кључни појам пете збирке Радмиле Лазић *Историја меланхолије* (1993) у последње време се све чешће јавља као поетска и есејистичка тема неколицине млађих аутора (Јерков, Данилов, Јеленковић, Радојчић) који у њој виде неку врсту онтолошког утемељења (пост)модерне књижевности. Ова флуидна реч без сумње је много више од неодређеног и помало декадентног расположења што нас изненада преплави у тренуцима самоће и напуштености. Схваћена као егзистенцијална људска, али првенствено *песничка одредница*, она означава више могућих мотива које сугерише ова невелика књижица стихова Радмиле Лазић. Најпре, то је свест о протицању времена и ограничености људског бивствовања у телесним оковима што рађа чежњу за вечношћу и бесмртношћу, затим сећање као једини аутентични простор самоиспуњења, љубав као стално жртвовање и губитак, извор пожуде и бола, узмицање и страх, свесно одрицање и предавање.

Меланхолија, међутим, подразумева још једну важну импликацију која се тиче њене специфичне *сазнајне вредности*, што је наслутио Бодлер у једној од својих најузбудљивијих песама *Заљубљености у лаж*. Наиме, човек постаје меланхоличан онда када његово обожавање *привида* постане *аутореflексивно*. И са све снажнијим уочавањем између јаза привида и суштине, илузије и истине, јача и наше сећање на тренутак када смо слепо веровали да лаж, привид, може бити суштина. Протицање времена ствара све израженију дистанцу у односу на то пређашње стање *среће*, док се нова позиција субјекта наново успоставља управо у реконструкцији тог бившег путовања. Њему је име *меланхолија*. Отуд код песникиње потреба за *удвојеном причом*, за историјом непоновљивиг душевног и спознајног зрења. Оно на плану поетског говора ре-креира оне форме *лирске интроспекције* које су карактеристичне за неке старије песничке жанрове, нпр. елегију, молитву, псалам.

Историја меланхолије показује да се иза привидне једноставности и присне, на моменте сентименталне песничке интонације, препознатљивих митолошко-фолклорних топоса и сведене, симболичке нарације крије зрео и доследно замишљен, али и реализован поетички концепт лирске објективизације. Његов конструктивни принцип подразумева преклапање интеризујућег света лирске јунакиње и њених многоструких симболичких пројекција. Ауторка овај поступак најчешће остварује метафоричком релацијом ја / кућа / природа, при чему на специфични положај лирске јунакиње утиче и стално обраћање замишљеном *ти* – – *адресату*, што је иначе одлика поетског модела Радмиле Лазић.

Овога пута, приметна разлика огледа се у неутрализацији тона приватног обраћања увођењем тзв. трансцеденталног слушаоца/слушатељке (Госпа, Господ, Отац) у песмама као што су *Елегија I, Радосни пејзаж, Земаљска добра, Друго царство*, а то поетској интонацији подарује једну особену религиозну, *богоискатељску* димензију. Она потиче управо из божанског својства да буде једини, врховни и последњи слушалац „души-лептирку", када „закорачи кроз небо, пространо и бескрајно / свако по свој живот".

Доживљавајући природу као „зачарану кућу" (Емили Дикинсон), Радмила Лазић афирмише (нео)романтичарску осећајност, успешно избегавајући опасност да понекад повишени лирски тон склизне у патетику и тривијалност. То се постиже *паралелним резовима* ироничних и саркастичних коментара, веристичким, опорим поентама које Лазићкину поезију увек всзују за трагични искуствени, животни простор (*Љубљени моји, Море, Кућни радови*). *Женска песма* је, напротив, пример обрнуте технике, где се један негацијски, подругљиви дискурс разрешава у меланхоличној слици, која сугерише додир вечите пролазности. Враћајући се на уводне мисли о меланхолији Бодлерове песме, чини се да је ауторка у њој пронашла своје „бледо суштаство", свога пријатеља – бесконачног, бескрајног, бестелесног. Своје еротичко предавање и посвећеност тајни бивствовања и смрти.

С друге стране, најновији песнички рукопис Радмиле Лазић *Приче и друге песме* (1998) већ самим насловом упућује на крупну поетичку промену која се одиграла унутар песникињине особене митологије. Реч је о измењеном поступку, радикалној промени перспективе која лирску субјективност и осећајност карактеристичну за претходну збирку преводи у пет циклуса, у *Мушке и женске приче о Истом*, а истовремено и *Другом* сензибилитету, психологији, доживљају, фрустрацијама, сазревању, искуству, живљењу и смрти. Због тога се овде јавља двострука или *двополна нарација*, која се у прва два циклуса везује за мушку свест/перцепцију/перспективу (*Таутологија, Добар почетак реченице*), а потом за женски доживљај и поглед на свет (*Женско писмо, Лирске последице, Коначне слике*).

Притом је занимљиво напоменути да истовремено долази и до изокретања основног емоционалног регистра који очекујемо од мушког, односно женског гласа или писма. Јунаци и јунакиње Лазићкиних прича опсесивно су фиксирани једно на друго, иако између њих стално долази до онемогућавања емотивне комуникације. Отуд се мушке приче понекад чине знатно мекшим, баш као да их пише жена, док су тзв. женске приче ослоњене на опоро и бескомпромисно преиспитивање себе из перспективе другог пола. Управо у циклусу *Женско писмо* долази до изражаја ауторкино/женско схватање еротике, сексуалности, неверства и оданости, самоће и испуњености, илузије брака и неверства (*Брак, Прељубничка балада*), на моменте трагична самоиронија оличена у бескомпромисној, понешто прејако наглашеној песми *Мајка*, затим проживљавање витализма младости и зрелог доба – до болног приближавања старости и смрти. Овакав детабуизирани однос према основним егзистенцијалним питањима редак је у савременој српској поезији краја века и почива на измештању традиционалних улога које жена и мушкарац имају у српској култури.

Приче о јунацима (песницима, маргиналцима) или јунакињама (песникињама, превареним женама, адолесценткињама) представљају мање или више симболизоване исечке из живота, које ауторка пред нама читаоцима излаже једној врсти специфичне, готово натуралистичке психологије. Тако се нехотично обликују и психолошки портрети мушкарца и жене, партнера и партнерке – он је неодлучан, мада може бити нежан, или покварен, али битно је да не комуницира с њом истим језиком. Она је тешка, захтевна, веома рањива, не може да се определи између њега и *Поезије* којој је жртвовала стварну љубав, и нерођену децу. Због тога се у овој збирци артикулише један специфичан топос који *жену*, а не више мушкарца везује за стваралачки чин, желећи да му се заветује готово као Христова изабраница. И ово такође спада у ред традиционалних клишеа, не само наше културе, већ и свеколике цивилизације – жена може бити све, али тешко стваралац/песникиња. Због тога између јунака и јунакиње прича/песама Радмиле Лазић вечито стоји неко трећи, са којим (ван) брачни троугао постаје испуњен – *Поезија*.

Минотаур и лавиринт

Песничко писмо Нине Живанчевић, још од прве објављене збирке *Песме* (1983) одликује једна препознатљива, али и варљива, непоуздана специфичност, а то је комуникативност и отвореност према читаоцу, ауторкина жеља да њена поезија буде *читана и доживљена*, а не препуштена неком свом будућем животу на милост и немилост малобројним, ентузијастички настројеним тумачима. Па ипак, о поезији Нине Живанчевић која је до сада објавила шест збирки на српском језику, две на енглеском, а од недавно се опробала и као приповедач *(Византијске приче,* 1995) није претерано озбиљно писано. Песникињин особени животни *credo* да поезија буде пратиља њенога живота и путовања, некаква симултана егзистенцијална одредница која спаја неспојиве цивилизације и меридијане, можда је резултирала утиском да је у властитој средини некако вазда одсутна и гурнута у страну, а онда се наједном појави попут фуриозног тајфуна. Због тога космополитски дух/душа Нине Живанчевић своју физичку одсутност надокнађује текстовима – они региструју све њене промене, авантуре, разочарења и падове из позиције жене која дуго живи у окриљу различитих западних култура, преиспитујући њихову историју, митологију, претпоставке на којима почивају, симулакруме којима заводе, прете и рањавају, али и огрубљују „течну кожу" вечито младе/старе песникиње.

Поетика Нине Живанчевић никада се није одрекла једне посебне врсте исповедности и чак сентименталности. Ово је утолико занимљивије, што она поседује наративну, рапсодичну имагинацију, веристичку способност перцепције/описивања различитих детаља, сцена и призора, што најчешће резултира формом дуге песме, у којој ауторка, готово прозним, колоквијалним језиком, али убрзаним ритмом повишене температуре гради широко асоцијативно поље свога текста. Оно обухвата културолошке и литерарне референце и реминисценције, задржавајући увек лични, субјективни угао гледања, како се и зове један од циклуса збирке *Песнички диван* (1995). У поеми *Била сам ратни извештач из Египта* садржана су и главна поетичка исходишта поменуте збирке: дијалог између западне и источне цивилизације (Египат/Византија, Азија/Америка/Европа), проток времена у којем се *сада* указује као невидљива тачка око које се шире концентрични кругови текстуалне реалности, маниристичко поигравање литерарним топосима („О ружи"), тематизација љубави и идентитета, промишљање песничког искуства („Дух", „Логореја", „Шта је то"). Нина Живанчевић, међутим, даје себи простора и за тзв. лирске минијатуре, песничке скице, призоре који остављају онај утисак вишка лежерности који каткада приватни коментар, расположење, опаску, свагда ироничну, жели по сваку цену да промовише у поезију (нпр. „Ex", „За Dominique", „Песма за Ен Волдман", „За Елија", итд).

Сасвим другачије, пак, делује последњи циклус збирке под насловом *Ритуали*, који по техници песме знатно одступа од распричаности *Ego tripa* на који смо навикли. У њему је нагласак на редукованом и елиптичном песничком поступку, којим се првенствено у синтаксичкој равни постиже нервоза „пројектованог стиха", али и могућност да се *економијом симбола* (јаје, шаховска табла, кост, бела и црна боја) постигне утисак сличан *језичкој фотокопији* експресионистичких слика (Маљевич, Кандински, Кле). Симултано уланчавање језичких јединица према начелу звучне вредности („Вавилонска кула секса") представља новину у поетици Нине Живанчевић и указује на могућност другачијих обликотворних принципа текста блиског „језичкој поезији", при чему се уместо наративности и квазиаутобиографског гласа појављује механизам језичких, синтагматских обртаја.

Ако је збирком *Песнички диван* Нина Живанчевић покушала да контрастира цивилизацијски јаз између Истока и Запада, али и да испише један особени дневник/путопис трагања за властитим преображајима кроз време и простор, у својој последњој књизи *Минотаур и лавиринт* (1996), песникиња углавном сумира последице свога дугог странствовања, задовољавајући се кратким, сведеним, критичким коментарима о француској свакодневици. Ова књига, међутим, садржи и једну емоционалну ноту која се код Живанчевићеве увек граничи са иронијом, а указује на изворе њеног поетског сензибилитета. Реч је о романтичарском револту, каткада потиснутом, каткада сасвим отвореном („Неомиљено", „Изостављено"), у чему се могу препознати и утицаји поп поезије, посебно А. Гинзберга, који је у српској поезији оставио такође видног уплива на Зорана Богнара. У већини кратких песама ове збирке, песникиња реагује импулсивно, озлојеђено, јетким опсервацијама о деградацији и распаду вредности западне културе. То се у првом реду односи на хладна, картезијанска правила која искључују интересовање за људску судбину, на империју медија који нам могу бити утеха, или вештачки рај, али како песникиња рече у једној од својих ранијих песама: „ако угасимо телевизоре, остаћемо на милост / и немилост празном парчету папира" („Поезији"), што је једини стварни живот, у замену за ствари које нема, нити их је икада имала, нити ће их имати.

Ношена шпенглеровским предосећањем о пропасти Запада, Нина Живанчевић кратким, аналитичким потезима стилизује и разобличава постиндустријско друштво *meltingpotta*, са свим његовим неурозама, фрустрацијама, двоструким моралом, комформизмом, прагматичношћу и медијском опседнутошћу („Неомиљено је кад молите свет да мисли / Неомиљени сте кад им кажете истину у лице"). Ауторка се сада, из једне другачије културолошке визуре, поново враћа извесним поставкама тзв. ангажованог песништва седамдесетих, па чак и анархичном револту међуратних српских песника (експресиониста и надреалиста), са којима у овом тренутку цивилизацијске ерозије дели исто горко осећање угрожености, усамљености и стрепње, али и њихов гнев, крик против окошталих конвенција савременог друштва.

Стога је јасно што је један од најбољих текстова ове збирке по којој је она и добила име насловљен као *Миноūаур и лавиринū*. Жанровски ближи дијалогизираној поеми или драмолету, он на инвентиван начин резимира основне филозофске поставке о симетрији/поретку света, инкорпорирајући цитате како из класичне литературе (Расин), тако и исказе најзначајнијих постмодерних филозофа (Фуко, Бодријар). Симболичке конотације овога хеленског топоса су необично велике, и није их лако истумачити: најпре, Минотаур може бити алегорија западне цивилизације која прождире своје поданике, затим божанство што се храни младима (бројне алузије на нашу ратну свакодневицу), али може оличавати и само биће поезије, коју је, како песникиња каже, срела само неколико пута у животу. Страшно биће. Ни човек ни бог, ни животиња.

Тезеј, који се овде појављује сасвим депатетизовано, као клошар у ритама и Аријадна, која жуди за слободом, али и сами Минотаур који се равнодушно досађује у своме лавиринту, слути да је свет трајно ишчашен из зглоба, а *идеја симеūрије* само једна од оних идеалних Платонових идеја о којој више није могуће ништа смислено рећи, јер „хранимо се симетријом да би некако / преживели". Симетрија је зов означеног за означитељем, „Како" је у љубави са оним „Шта", те две речи нису ништа друго до „слободно струјање / поветарац кроз цветну пољану".

Аријадна потом говори Минотауру да је и лавиринт обмана, песничка фантазија са којом се он сам саживео, не могавши никада да постане нешто друго, нешто изван своје дате функције: „Удахни кроз реп, а не кроз ноздрве – постаћеш тигар, олујни ветар и дивље / море. Необуздани дух који се издиже изнад / сопствене ситуације и над данима који следе / један за другим у страшној / симетричној поворци. Ако је симетрија страшна, онда зашто хиљадама година одржавати тај мит? Да ли је то утеха, успаванка, обећање да ћемо бити бољи и срећнији? Симетрија једино опстаје у домену понављања, које се одвија без напора људског учешћа: „Све што беше црвено, / вратиће се опет црвенилу". И Тезејев завршни монолог стога заиста садржи нешто од реторског повишеног тона који је одликовао старе, али и (пост)модерне песнике, нешто од визионарске мудрости коју изговара антички херој преобучен у клошара: свемир је безграничан, али и то је само привид, парадокс. Јер оно што се нама из позиције савремене људске цивилизације може учинити бескрајним, заправо је само „велика рупа", ништавило, празнина што пржи хладним сјајем својих звезда.

Паралелни резови

У збирци *Несигурност у тексту* (1994), која непосредно претходи *Конверзији* (1994), Васа Павковић нашао се на крају једног поетичког концепта који је са мање или више успеха реализован у претходним збиркама *Калеидоскоп* (1981), *Опсесија* (1985) и *Телесна страст* (1989). Већ сам њен наслов упућује на ауторово темељно постско истраживање текстуалних стратегија и различитих видова односа песничког субјекта према језичким конвенцијама које продукују текст/писмо. Ово примарно песниково бављење језиком које увек подразумева и свест о расутости/дисперзности света и самога субјекта, запажа се код Павковића још од прве збирке, инспирисане поетиком неоавангарде. У књизи *Несигурности у тексту* кулминирала је песникова страст за свесном, аналитичком деконструкцијом језика/форме и претпоставки на којима почива поетски текст као жанровски тешко одредив ентитет. У једном од њених најбољих делова, некој врсти металитерарне поеме *Језеро*, Павковић манипулише властитим искуством креације/писања које, независно од ауторове намере и воље конструише изненадну структуру поменутог текста.

Јаз између онога који пише и онога који је уписан у тексту остаје, слично као у теорији прозе, вазда видљива пукотина у чијем се простору реализује читаочева али и песникова рецепција текста. Алузије, реминисценције, интерцитатност и интертекстуалност, пастиши и својеврсна укупна очуђеност Павковићевих наративно-дескриптивних призора понекад могу деловати помало претенциозно, као сјајна *техничка бравура*, али несумњиво упућују на богато наслеђе међуратне авангарде и језички радикалне моделе певања (од Црњанског и Растка, преко Драинца и Мони де Булија, Вуча, Мицића, Пољанског, Д. Алексића). Ипак, са искуством и сензибилитетом (пост) модерног доба краја века аутора повезује свест о *произвољности језичког знака* и субјекту текста као његове *конструктивне инстанце*. Отуд се метафора *несигурности* у тексту може разумети и као израз извесног мањка, недостатка, недовољности, па чак и као одсуство стварног ужитка који би упућивао на Бартов појам *тела* и његовог задовољства било у субјективној креацији смисла, било у читалачкој рецепцији.

Због тога се управо збирка *Конверзија* (песме, стихови) указује песнику као могућност да кроз поновно откриће „ја језгра" унутар којега се тематизује конкретни временски континуум (четрдесет година живота), допре до изворишта „радости у патњи", или „среће у туги", како је то осећао Тракл. Ова обнова „ја" субјекта и његова персонализација у *Конверзији* на срећу не значи Павковићево скретање у воде традиционалног интроспективног интимизма, већ подразумева песникову накнадну ретроспекцију и реконструкцију сопственог животног, еротског, егзистенцијалног и песничког искуства. Једном речју, покушај да се у први план истакне драматичност преображаја песниковог постојања и, помало патетично речено, његове душе која спознаје суштину ствари у некаквим *интуитивним, паралелним скоковима и резовима*. Тај лирски ток Павковићевог певања који овде добија и конкретне жанровске ознаке био је у извесној мери присутан и у претходним збиркама, али углавном потиснуто, сведен на литерарни топос или драстично иронизован. У збирци *Конверзија*, међутим, чак и када се аутор подсмева властитој сентименталности и душевности остаје призвук носталгичног, а на моменте и трагичног односа према себи и свету.

Конверзија је нека врста песничког дневника или хронике, свеједно: на то упућују конкретни датуми настајања појединих њених делова (3. фебруар 1993. и 15. октобар 1993.), између којих су смештени стихови под насловом „Конверзија", различити, формално згуснути, углавном еротске инспирације. Неодвојиви део њене тематске и поетичке структуре чини и „Коментар уз Конверзију"), ауторов лични запис о побудама за настанак збирке. То сведочи и о његовој релацији према написаном, о другачијој емотивној и рефлексивној позадини текста као отиска сећања, носталгичном путопису властитих преживљавања и мена. Време које песник тематизује су његове четрдесете године, када га испуњава жудња за оним што је прошло, али и чежња за оним што се још може десити. Ипак тај тренутак искрености и „растројених чула" није некакав моменат досегнуте зрелости кроз луцидну спознају о властитој блокираности, очају, неизвесности, испразности, напетости између тела и духа.

У првом циклусу *3. фебруар 1993.* Павковић обликује призоре свакодневице и непосредног, емпиријског искуства, укључујући и мотиве препознатљивих реалија (рат, беда, политика и политичари, медијска манипулација, идеологија конформизма). Доминантно осећање губитка смисла и празнине лирски јунак још интензивније доживљава кроз „језик као средство обмане", док он лежи „у самом средишту ничега". Из те и такве позиције промењене свести о властитом постојању, Павковић изнова одређује искуство писања и функцију поезије: „Поезија ме одваја / од самог себе, / од оног што сам намеравао рећи. Језички зид / ме расцепи / од осећања / и уместо празнине / искрсне илузивни зид / од речи". Овде песник показује стару Елиотову тврдњу да је искреност у поезији не само непожељна већ и немогућа, јер се принципи језичке комуникације не могу поистоветити са процесима психологије стварања – отуда песнички субјекат увек запише нешто друго, више и комплексније од онога што је првобитно намеравао да каже. Естетска језичка илузија сама производи емоцију и њено значење – али, како је такође тврдио Елиот, до такве објективизације емоција – лирског корелатива – не може доћи неко ко тих емоција нема.

Због тога, највећи број песама збирке *Конверзија* доживљавају се као песнички запис (каткада само коментар) о трагичним универзалијама људског постојања: о рађању, љубави, сексуалности, заносу, лудилу, родитељству, старости и смрти. Позиција персонализованог „ја" субјекта пружа Павковићу могућност да се и даље поиграва топосима властитог живота. И баш то избегавање самопоништавања и *ново читање* сопственога преображаја подарује Павковићевим стиховима једну нову врсту сугестивности, каква није била присутна у његовим претходним књигама. Јер постмодерни песнички дух заувек је схватио да се целина доживљава тек интензивним проживљавањем фрагмената, а субјекат јавља као нешто ново и другачије, било као мноштво, било као „попис личних глаголских облика и наставака за време". Зато и сваки субјективни увид неминовно води растварању временских наслага и асоцирању будућих, а садашњи тренутак представља жижу преламања тих напоредних токова, уједно призивајући „прашни пут" који се назире негде у равници, који песник доживљава као нежни, лажљиви круг. Није рекао ни бескрајни, ни плави. Већ лажљиви, опсенарски. Као тај илузивни круг од речи, та прозрачна призма језика кроз коју се хода *као кроз себе*, као кроз пустару засуту бесмислицама.

ДУХ ВЕЗНИКА

Алхемичар цивилизација

Када се за историју млађег српског песништва значајне, 1982. године појавила прва песничка збирка Станише Нешића *Отварање прстена*, критика је једнодушно поздравила један нови поетско-језички концепт, тада означен као „митопоетизам" остварен у форми дуге наративне песме, односно поеме. *Отварање прстена* своје тематско и семантичко исходиште налази у простору физикалног, космогонијског и митског певања, али се песник још увек задржава у равни субјективног симболичког говора, наговештавајући, нарочито у истоименој песми, излазак у сфере свеколиког цивилизацијског искуства.

Стога се на почетку размишљања о *Митологијама* (1988), најзначајнијој Нешићевој песничкој збирци може рећи да аутор, својом тежњом за опевањем историјског и митског времена, укључује у поетичке интенције највећих светских песника 20. века, као што су Паунд, Елиот, Јејтс и неки други. То никако не значи да *Митологије* једноставно репродукују кључне одлике ове линије модерног песништва, као што су тематска и појмовна универзалност, иронијски и лирски набој, интерполација симболичког и дискурзивног језика, целовитост и фрагментарност текста, молитвени и профетски тон насупрот колоквијалном и редукованом говору, итд.

У Нешићевој збирци постоји специфични *епицентар* у којем се прелама вечно, непрекинуто митско време и дијалектика историјских поремећаја, али и сасвим конкретних догађаја који имају стварносну подлогу. То су управо они догађаји који у искуству човека нашега столећа означавају неку врсту егзистенцијалне и *културне прекретнице*: премијера Бекетовог комада *Чекајући Годоа,* излазак *Колоса* Силвије Плат, појава хипи покрета, атомски рат, Гинзбергова поезија, уметност Е. Ворхола, протеривање монаха из манастира Манасија и њено претварање у женски манастир, итд. Нешић разара изнутра већину ових митова (поменућу и медије, видео и компјутере, плакат, рок музику, популарну и масовну културу), подређујући их властитој моћи реинтеграције, амалгамисања и апстраховања.

Митологије упућују на једно апокрифно виђење митског времена од стварања света, које почива на фузији и фисији међу Емпедокловим елементима (уводна поема *Елементи*), преко сазнања да се апокалипса дешава људима који су творци свеколике Културе, до ишчекивања новог смака света. После тога ће „светлост историју поништити", јер се историјско време песнику указује као привид, дезинтеграција вредности и генератор зла, насупрот чистој светлости *божанског трајања.*

У том контексту, језичка раслојеност, разуђеност и порозност текстова сагласна је основној позицији песника *Митологија.* Управо он је фигурација божанског принципа, сталност у променама, стваралачка потенција и сила која разара („Ја не нестајем само се враћам да се сјединим"), уз скептичну свест (пост) модерног пророка који попут хроничара уланчава, записује, гомила низове асоцијација и чињеница о свету, разлажући и склапајући свет пред нама, откривајући да у њему је једино „стално пролажење светлости кроз чисту материју". Тако се и живот и смрт појединца / човечанства поништавају али и обнављају у домену космичких сила.

У једанаест текстова који сачињавају *Митологије* (*Елементи, Скупљачи перја, Ресава, Колос, Мандала, Мрежа, Мегаполис, Пентагон, Крај концерта, Апокалипса, Митологије*), песник демонстрира различите поступке и моделе, доводећи их у интертекстуалне везе са Бекетовим, Паундовим, Елиотовим и надреалистичким текстуалним праксама, уводећи, на пример и технику колажа, па и ready-madeа. На тај начин, Нешић отвара своју књигу у правцу синкретичког и интермедијалног осмишљавања њене текстуалне основе, ка видео реализацији. *Крај концерта* привидно полази од Гинзбергових „апокалиптичних поема", посредујући као и у осталим песмама Нешићево особено тумачење кључних *митологија*, кроз стални паралелизам/контрастирање, негацију конкретних историјских значења и афирмацију митских ванвремених категорија које мистично одређују људску судбину у различитим цивилизацијским епохама.

Станиша Нешић непрестано подвргава сумњи дведесетовековни свет функција, системе прагматских односа у којима свака ствар и појединац имају механичку/техничку/статичну вредност, у којем је једина стварност – стварност *духовне манипулације (Ресава)*, на политичком, националном, идеолошком, религијском или интимном плану. У свету без Бога, у свету парадоксалних и ирационалних веза међу појавама и људима, човек више и није у стању да тумачи и вреднује тај апсурд. Песник понекад и ужива у хаотичности митологија („море митологија прожима ум човеков"), верујући да су маске, дакле знак – једино чиме стваралац данас располаже, али истовремено и подсећа на тајанствено присуство *Речи/Закона*.

У тексту *Лотос* Нешић бележи да се невидљиви Бог рађа у три боје (бео/ружичаст/модар), да живи у три тела „чистог лица у светлости" као Феникс, Буда и Шива, на три различита места – у

Египту, Кини и Индији, у три различита времена. Ово нас доводи до језгра целовитости *Митологија*, до средишта које асоцијативно окупља разнородне облике Нешићеве збирке: до *инкарнације*. Одбацујући хришћански догматизам (дуализам духа и тела, проблем прародитељског греха, људско испаштање као залога одласку у рај, богобојажљивост), песник сугерише да се људско постојање непрестано обнавља, а човек симултано живи у прошлости, садашњости и будућности.

У својој последњој збирци *Таворска светлости* (1996), Нешић се усредсредио на поетско тумачење изворних поставки *Новог завјета*, дакле превасходно хришћанско/православне доктрине, уводећи на моменте принцип *имитације* светих текстова. Границе између постојања и непостојања људског рода и цивилизација продужавају се попут *златне нити* у космичком вртлогу *божанске светлости* која прожима песников острашћени ум. Обратно Паунду, песников ум је еманација чисте материје која је симбол изгубљене а жуђене целовитости, онај проток који враћа људско биће првотној невиности. Управо она потврђује (преко сталних симбола огњеног јајета, перја, јагњета, млека, кристалне кугле, чисте светлости) песникову / божанску свеприсутност у времену, простору и законима, његову изукрштаност међу симболичним плочама цивилизација.

Везници

Седма песничка збирка Ивана Негришорца *Везници* (1995) представља апсолутну и релативну новину у његовом опусу. Апсолутну, јер аутор уводи нови темељни однос између егзистенције и есенције, односно између песничког субјекта који *говори* и Бога који *ћути*. Релативну, јер је у збирци од десетак формално и тематски разнородних циклуса могуће пратити песников преображај од неоавангардног поетичког концепта до постмодерне хагиопоетизације света. Тако је присутна веристичко--саркастична мотивација текста, разне експерименталне стратегије (лудизам, графизам, летризам, конкретизам, неологистичка пракса), фантастично-гротескна стилизација напоредо са аутопоетичким пасажима, очигледна *формална андроīиносū*.

Све ове компоненте овде се јављају у складу са новом позицијом песника као тумача / читаоца „отворене књиге света", коме су песме биле подарене на објаву. Отуда се песникова фигура поима као традиционални елемент – беочуг, познат из Платоновог списа *Ијон: везник надахнућа,* рапсод који је нека врста медија божанске поруке и њена проточна енергија. Али Негришорац, за разлику од Платоновог Ијона не бунца, не говори у заносу, што би подразумевало незнање. Он зазузима различите видове односа према *ūредмеūу дара*: од ироничног и циничног, преко црнохуморног и апсурдног, до меланхолничног, патетичног и резигнираног, али никада равнодушног тона обраћања. Јер ако је Бог дао песнику *дар īовора,* онда песник мора бити одговоран према том дару, обавезан да исповеди своју људску спознају. Она у Негришорчевој збирци добија назнаке пророчке визије, откровења, али увек осенченог иронијом, чак и онда када се молитвом зазива богојављење: „Ништа нас не може / спасти, али говор о томе да спаса / нема још пружа топлу наду" (*Не, више не дрхūим ūролазећи крај излоīа !).*

Негришорац истовремено техником иронијскосатиричних и лудистичких пастиша разобличава (нео) романтичарску чежњу за бескрајем и светлошћу, изокрећући је у њену супротност светло, *(Ах, романūичари),* свесно градећи већину својих текстова као *ūародијски јаз* између духовног и материјалног, смисла и његовог одсуства, да би посебно у циклусу *Очинске* његов тон добио обрисе стварне потребе за обраћањем *ūрансцеденūал-*

могуће пратити песников преображај од неоавангардног поетичког концепта до постмодерне хагиопоетизације света. Тако је присутна веристичко--саркастична мотивација текста, разне експерименталне стратегије (лудизам, графизам, летризам, конкретизам, неологистичка пракса), фантастично-гротескна стилизација напоредо са аутопоетичким пасажима, очигледна *формална андрогиност*.

Све ове компоненте овде се јављају у складу са новом позицијом песника као тумача / читаоца „отворене књиге света", коме су песме биле подарене на објаву. Отуда се песникова фигура поима као традиционални елемент – беочуг, познат из Платоновог списа *Ијон: везник надахнућа,* рапсод који је нека врста медија божанске поруке и њена проточна енергија. Али Негришорац, за разлику од Платоновог Ијона не бунца, не говори у заносу, што би подразумевало незнање. Он зазузима различите видове односа према *предмету дара*: од ироничног и циничног, преко црнохуморног и апсурдног, до меланхоличног, патетичног и резигнираног, али никада равнодушног тона обраћања. Јер ако је Бог дао песнику *дар говора,* онда песник мора бити одговоран према том дару, обавезан да исповеди своју људску спознају. Она у Негришорчевој збирци добија назнаке пророчке визије, откровења, али увек осенченог иронијом, чак и онда када се молитвом зазива богојављење: „Ништа нас не може / спасти, али говор о томе да спаса / нема још пружа топлу наду" (*Не, више не дрхтим пролазећи крај излога !).*

Негришорац истовремено техником иронијско-сатиричних и лудистичких пастиша разобличава (нео) романтичарску чежњу за бескрајем и светлошћу, изокрећући је у њену супротност светло, *(Ах, романтичари),* свесно градећи већину својих текстова као *пародијски јаз* између духовног и материјалног, смисла и његовог одсуства, да би посебно у циклусу *Очинске* његов тон добио обрисе стварне потребе за обраћањем *трансцедентал-*

Коцић, Р. Нога и друге). Јер у питању није само специфичан третман језика и звука који поетички обједињује ове песнике, већ пре свега различита семантичка продуктивност и особени поглед на свет који их међусобно приближавају или удаљавају.

Када је реч о песништву Живка Николића, уочава се да је поетички лук његових седам претходних збирки углавном описивао путању специфично схваћене *лирске метафизике*, па је поема *Приближавање,* својим понирањем у онирично и трансцедентно, али из субјективне, егзистенцијално рискантне позиције несумњиво наговестила метафизичке преокупације лиричара деведесетих. На овој линији налази се и већина других ауторових збирки, са изузетком *Белог вида* (1986) и посебно *Источних зона* (1992), које делимично напуштају овакав концепт и опредељују се за неутралнији, имперсоналнији песнички рукопис у којем је акценат више на самоме коду него на „поруци". Овде, наиме, Николић, доследно, али са мање креативног набоја испитује могућности једне дијалекатско-архаичне матрице, па се језик појављује понекад у функцији етномитолошке бајалице. Разуме се, то су нужно морале бити крајности једног оваквог поетичког концепта, и та се опасност повремено надвија над свим његовим представницима. Овакве странпутице могу се превладати бар на два начина: или увођењем неког новог тематско-мотивског комплекса који уноси димензију једног другачијег, рецимо свакодневног урбаног искуства, или проширењем језичког регистра, покушајем његовог отварања управо тим новим искуствима у смислу прозаизације, лексичких промена, развијањем призора и нарације поступцима гротеске и фантастичког необичавања текста.

Већ у две последње ауторове збирке из 1994. *Почетак лета* и *Вајање пене*, препознатљиво песничко писмо видно је освежено фокусирањем искуства на битне феномене који су само назначени у претходнима, а то су драматични доживљај љубави и стање помрачене/подвојене свести која кореспондира дубоко архетипском, дакле митском поимању света Ж. Николића. Истовремено, запажа се и промена у самоме песничком поступку – поред статичних, звучних лирских визија, Николић успешно реализује и наративну форму, гротескни призор и *сценарио сна*, који изванредно повезује стања будности/свести и спавања, појавног и суштинског, видљивог и невидљивог, телесног и духовног, идеалне љубави и немогућности да се она оствари.

У својој последњој збирци *Испод праха* (1997) поменуте одлике још више се продубљују, а јавља се још један мотив – песниково служење Богу/Речима, што је уоквирено почетном и завршном песмом „Насамо с речима", односно „Фрагментима о веровању". У пет складно компонованих циклуса *Пре свитања, Слике из снова, Блистави дани, Понор* и *Иза зида*, Николић постепено развија назначену тему, али из перспективе сукоба бога и сатане који се рефлектује изнутра, кроз обиље фантастичних слика, гротескних призора и сведену симболичку нарацију.

Николићев „завичај од речи" подигнут је високо, у песников недохват, а до њега води пут којим газе „пламена стопала", суочавајући га са „утварама и привидима, превидима и омашкама", са поновним уласком у демонски сан Содоме од којег песника спасава једино пронађени мистични напев. Терет који пристиже увек пре лирског јунака појављује се као метафоричка ознака бола и накупљеног зла, искушавања и грехова, па се први циклус *Пре свитања* може читати као нека врста његовог боравка у паклу, након чега следи покушај прочишћења и покушај досезања оностраног живота.

После лирски интонираног првог циклуса следе *Слике из снова* у којима Николић предочава фрагментарну причу својих сновиђења. Илузија љубави, ватре, воде и вина сустижу се у песниковом фантастичном уласку у „непознати град, град који нестаје", и који се може реконструисати једино пажљивим, а трауматичним призивањем сећања на живот у сну. Метафоричке фигуре сна заправо предочавају песникову јаву: „ у сновима самом себи личим / на дрво које је своје пупољке / за рани мраз припремило / ја сам нечији сан / потиснут а потом заборављен". Ипак је опредељивање за сан мотивисано песниковом чежњом да бар тада, за тренутак осети делић изгубљене невиности и хармоније, сећања на „блиставе дане", како гласи наслов трећег циклуса збирке.

У њему се Николић враћа мотивима детињства, чудесном осећају који остаје за цели живот – „да докучујеш неизрециво", иако се овде јављају извесни стереотипи (нпр. стих „возови мога детињства беху распевани"), како у третирању љубави, тако и у опредељивању за један облик „винске песме"(„Пијани петак", „Субота блистав дан"). Циклус завршава изврсна кратка песма „Молитва Сатани" у којој се лично егзистенцијално зло узноси у стилу старих средњовековних песника као усуд и као рана, и вечити подстицај певању: „Услиши да моје сетно појање / сруши ове блиставе зидове / и светом овлада / оно што је / од безнађа и праха постало".

Последња два циклуса *Понор* и *Иза зида* садрже вредносно најуједначеније песме и у њима је можда највидљивији удео Николићевих поетичких иновација. Мотив лудила овде се тематизује кроз различите поступке, било као лично губљење равнотеже („Поспана провалија", „Оштрење ножева"), било као гротескна визија доласка апокалипсе („Поремећај", „Када је почео кошмар", „На крају миленијума"). Такође се запажа употреба другачије, претежно урбане лексике која песми даје извесну веристичку, а уједно и фантастичку димензију. Николић први пут има амбицију да понуди једну разорну, застрашујућу слику садашњости али и будућности – у том смислу може се реинтерпретирати и песма из првог циклуса *Пламени трагови* у којој се песникова позиција доживљава и као долазак „анђела освете, онога који у руци носи пламени мач". Завршна песма „Иза огледала" наговештава последњи циклус збирке *Иза зида* у којем мотив *зида* има функцију мотива *врата* у Николићевој првој књизи *Приближавање.*

Огледало као и код, рецимо, Настасијевића (трагови неоромантичарског мотива двојника) има чудесну моћ да спаја и раздваја светове, да замењује ликове, добре и зле, грешне и чисте, лепе и ружне. Тај се двојник сада појављује као Христ мученик чија се улога спаја с орфејском и прометејском улогом песника: „И кад си трновиту / круну преузео, онда стварно буди окруњени: / откривај тајну коју је пред тебе сручио / живот, / непрестано ослушкујући унутрашње било". Додиривање зида који такође нешто раздваја, истовремено има функцију *ишчезавања*, претапања из светлости у таму – и обрнуто, баш као и „врата која у угловима својим полако нестају". Јер зид који се налази далеко, негде иза песникових очију и чела, иако представља границу светова, улива му веру и наду – баш као и служење Речима („Фрагменти о веровању"). Простор *иза*, увек је и простор *испод праха*, бескраја, светлости у којој су окачене речи попут честица наде која одолева пролажењу. Живко Николић верује у *зид речи* које га успињу до сјаја невиђеног, до предела у којем песник једино може живети.

ПОРЕКЛО ПОЕТИКЕ

> Које ће ми то добре руке, који лепи час
> вратити тај предео, из којега долазе моји
> сни и моја најмања узбуђења?
>
> А. Рембо, *Градови*

Сан Балтимора или филм душе

О прози Немање Митровића од осамдесетих година до данас написано је много текстова – приказа, осврта, мање или више импресионистичких маргиналија и есејизираних састава. Овај култни писац моје генерације, и свакако једна од најзанимљивијих ауторских личности послератне српске књижевности, већ је стекао место како у академским антологијама српске фантастичке литературе, тако и у изборима српске постмодерне прозе, те у хрестоматијама *Београдске Мануфактуре Снова* као њен родоначелник и инспиратор. У свим изборима тзв. млађе српске прозе Митровићу је по правилу додељена почасна, али некако увек издвојена позиција, а тек један мали број писаца и критичара објавио је целовитије интерпретације његовога опуса (Марчетић, 1990, 97–109, Потић, 1992, 1359–1368). Осам књига Немање Митровића штампаних у периоду од 1980. до 1997. године могу га у овом тренутку учинити привлачним не само критичарима који су га континуирано пратили, већ и некоме кога занимају теоријски и поетички аспекти његове прозе/поезије. Штавише, током протеклих година, аутор је потврдио и оснажио своју кључну позицију *разлике и различитости* у односу на већину других српских прозаиста (*Књижевна критика*, 1987, 1–2). Привидна лакоћа и естетски хедонизам који зраче из Митровићевих фрагмената на другој страни увек, изнова, постављају питање властите *йоешичке йрошлосши или йорекла йоешике*.

Због чега? Због тога што проза Немање Митровића, иако прећутно прихваћена као постмодерна (Јерков, 1992, 37), не показује свој однос према појединим моделима традиције отворено, већ прикривено и имплицитно, нити користи цитате, интертекстуалне укрштаје и формалне стратегије освешћено, већ пре интуитивно и алузивно. Шифра њеног семантичког обиља не указује само на ауторову алхемијску посвећеност речима и језику, већ и на палимпсестну матрицу њихових бивших живота у сновима својих предака. Укључивање Митровићевих текстова у било коју продуктивну линију српског прозно-песничког наслеђа чини се помало осуђеним на неуспех, мада је и то могуће (рецимо, линија која иде од М. Јакшића, преко Исидоре, Црњанског и Андрића, до Ј. Гробарова, Киша и Албахарија), али је зато готово очигледно ауторово надовезивање на „најбољу традицију европске фантастике" (Басара, 1987, 119). И поред тога, проза и поезија Н. Митровића, зачаурена у себе попут свилене бубе или змијског јајета чува филогенетски запис свога порекла, као ожиљак у дрвету прекривеног маховином и лишајевима. Одмотавање интерпретативног клупка више ће личити на неку врсту разлиставања и раслојавања ризома текста, него на тврдо академско, научно схематизовање и класификовање свога предмета. Стога, не хронолошко, већ проблемско призивање појединих поетичких фигурација из прошлости. Није ли ово ипак некакво тумарање по ходницима књижевне историје? Или потрага за заувек изгубљеним делом скелета дечака у громби капуту, once upon a dream?

Али – бедро, чеона кост, ножни чланак. . . . сада су само йећински украси.

У мање познатом есеју *Between Wakefulness and Sleep* (Е. А. По, 1983, 61062), Едгар Алан По пише да је прецизна употреба речи могућа само у тренуцима потпуне душевне смирености, када се у души преламају обриси реалног света са светом снова. Та тачка – тачка стапања будности (свести) и сна – јесте оно упориште које је могуће апстраховати и пренети у царство сећања, одакле се она може сагледати аналитичким очима. Дакле, после *делиријума чула* (Рембо), стања у којем се свет упија у своме тоталитету, наступа стање сабирања, фокализације и посматрања стопљених обриса. Отуда се о фантастици као прекорачењу одређених табуизираних простора овде не може говорити. Јер у писму Џемсу Раслу Лоуелу из 1844. године, По неувијено каже да не можемо замислити оно што не постоји, а у есеју *Fancy and Imagination* (Уобразиља и машта) аутор се, поводом браће Шлегел, позива на мистично устројство света истичући да испод површинског или горњег значења увек налази оно дубинско или сугестивно. Испод лица ствари и њихових маски крије се њихова душа, онај суштаствени део који нам остаје рилкеовски невидљив. Ако је питање Поове фантастике заправо питање метода, онда значи да је у овој тачци стапања свести и сна писање техника *изоштрене перцепције*, захваљујући чему долази до приближавања и претапања светова иначе несводивих и недоступних.

Тада је сан оно идеално подручје пресецања означитељских кругова неспојивих на јави. Али какав је то сан? Да ли онај који симболички пројектује и сублимира одређена потиснута стања свести, нагона и забрана, дакле сан као *тело жеље*? Или је то сан који као нека врста *несвесног сценарија* (Шуваковић, 1995, 62–63) истовремено својим многообличјем конструише наративни филм у коме се ликови појављују дводимензионално, готово као безбића, плошно, али зато ништа мање опипљива и чулна? Да ли је Поов *Sleeper* (Спавач/Спавачица) васкрсао у фигури *Schlaeffera* Георга Тракла и бројним јунацима експресионистичких прозних писаца (Бен, Хајм, Деблин, Ајнштајн, Едшмид, Кафка) код којих сан није само метафора чежње или зла, већ специфични поредак јаства уписаног у текст? Да ли су уснули јунаци нашег аутора потомци ових истих спавача? Да ли се стога у прози Немање Митровића уопште може говорити о фантастици, или је реч о приповедању, индивидуалној реинтерпретацији одређеног стваралачког метода?

Он почива на схватању које је посебно развио Август Стриндберг (Зокел, 1970, 52–56, Волк, 1992, 148–153) почетком овога века под утицајем психоаналитичког тумачења снова, касније прихваћеног од већине аутора који су себе сматрали експресионистима. Од сна, каже Стриндберг, писац не усваја садржај и симболичке слике, већ његову технику, формалну организацију и метафоричко-метонимијски поредак. У српској књижевности двадесетих година овај нови поступак може се запазити код најзначајнијих аутора какви су Црњански, Ранко Младеновић, Растко, Драинац, Миличић, Настасијевић и други. Идеја да форма постоји „онако како је сан оцрта" (Драинчев *Програм хипнизма)* налази се у подножју готово свакога текста Немање Митровића, чак се може рећи да је ауторово специфично разумевање сна уписано у сваки његов дискурс, каткада експлицитно, каткада путем метафоричких каректеризација. У прози Немање Митровића пуно је таквих примера и ја ћу навести оне који поткрепљују ауторов поетички континуитет у промишљању сна као креативног метода: „Иако сам само трећину века посветио сну, он је његов већи део. После буђења ме увек чека исти свет, дани који толико личе да их је у сећању тешко разликовати, као да се стално понавља један исти, неуспео и непоправљив, а снови су увек другачији, раскошно непредвидљиви. Сан не престаје ни када сам будан, само га дневна светлост засењује, као што светлост заборављене свеће бледи на сунцу (*Приче за очи,* 1990, 12). Или: „Снови ме неодољиво подсећају на филмове у које је умешан и *онај* који гледа. Да ли ћу за живота видети снимак неког сна? „ (Душе и ствари, 1988, 20). А мало даље: „Снови су као јасне, живе успомене на нешто што се није догодило" (*Душе и сŵвари,* 21).

Али, то се догодило некада и негде, у неком замагљеном пределу, када су ствари имале јасна обличја, одазивајући се на неко друго име и преносећи поруке из других светова, света детињства или мајчине утробе, из Хадових одаја, из времена која нису историјска јер не познају календаре већ брујање смрзнутих душа предака под леденом кором (прича *Сан раŵа, Расе*), из огољених градова који се расипају у прах пустиње или вејавице, из царства нерођених и побачених поколења. Па ипак, митско сећање на претке које представља окосницу књига *Расе* и делом *Душе и сŵвари* обликује свет субјекта текста захваљујући чињеници да су они заборављени и да се могу поново дозвати једино еросом писања, измишљањем, вајањем њиховог новог тела (Ломпар, 1995, 220). Филтер сна прелама сећање властитих фигурација из прошлости, садашњости и будућности, па се његов *perpetuum mobile* попут негатива оцртава на тамној подлози текста. Тренутак мистичне концентрације потребан је да би се ово догодило: „Кад скамењен од напетости покушавам да се сетим нечега што ми никако не долази у жижу, а тако је близу да би најмањи покрет главе био довољан да га нађем или заувек изгубим, најзад наглим покретом изађем из укочености и одустанем, изнервиран напором који ми узалуд ждере време и снагу. Касније, кад већ заборавим да сам и покушао да се сетим, бавећи се нечим што са тим нема никакве везе, изненада ми сине и све је одједном обасјано до најситнијих детаља. Значи да сам не знајући, испод оног површног што опажамо у себи и што обично сматрамо мишљењем, непрестано мислио о заборављеној ствари, уходећи је као рак кроз лавиринт последица и узрока" (*Душе и сŵвари,* 24).

Попут Поове Лигеје у чијим је очима пламтео поглед старих и заборављених људи, у очима Митровићевих спавача се „као на укоченим очима покојника огледају ствари које не видим". Оне су заробљене у нашем кратком животу, а сећање је „свакако немирење са пролазношћу, можда себична и дирљива жалост појединих тренутака који би да надживе свој век" (*Град поред света*, 1995, 50). Зато је сан онај предео у којем бића и предмети застају у једном трену свога смрзнутог даха (*Сан рата*), да би испунили спиралу временског меандрирања. Као на филму, смењивање већ виђених и препознатих слика ствара привид кретања и узастопног промицања сцена, на никада прекинутој траци *означитељске емулзије*.

Еротика жанра или судбина фрагмента

Проза Немање Митровића још од прве књиге *Сан рата* (1980) измиче традиционалној родовској и жанровској класификацији – критика је углавном назива прозом, али је доживљава и као поезију, па је ауторова друга књига *Расе* (1983) објављена тако у Просветиној едицији „Савремена поезија". Која је то жанровска фигура која омогућава непрекидни преображај пола текста поигравајући се конвенцијама нашег читања? Фрагмент, део који метафоризује изгубљену целину од епохе романтизма до модернизма, данас постаје готово једино могућа текстуална реалност. Француски симболисти, особито Бодлер, Рембо, Лотреамон и Маларме настојали су да једном специфичном фрагментарном формом – реч је о песми у прози – истовремено развију и прозну и поетску фигуру, проширујући и померајући граничне области конституисања текста као резултата одређених унапред задатих очекивања. Тако Бодлерове *Мале песме у прози* и *Париски сплин* постају важећи модел за будућност: песничка проза која би била музикална без ритма и риме, прилагодљива лирским покретима душе, набојима снова и свести (С. П. Џоунс, 1951, 98). Модерна песма у прози почива на поступку дескрипције што је у вези с наглашеним антимиметичким принципом представљања, док се нешто касније у тумачењима француских надреалиста одбацује и сами принцип дескрипције, па се песма у прози дефинише као „конструисани објекат" или „вербални колаж" у којем је акценат на апстраховању предметног света и креацији језичког космоса (Ингеншау, 1982, 289).

Цртица, прозна врста најближа песми у прози, означава се најчешће као писање о стањима, тачније описивање стања при чему су субјекту придодате атрибутиве одреднице. Она је по свом карактеру статична, па и када постоји тежња за развијањем нарације, то се обично завршава метафоричном или симболичном поентом. Напредовање приче у складу с временско-просторним координатама нема, а субјекат/глас текста најчешће само посредује извесну идеју, сугестију или емоционалну назнаку. Његов глас транспонован је као у већини пост-модернистичких текстова у језичку фигуру / инстанцу текста.

Фрагменти Немање Митровића читаоца заводе својим местима *полне неодређености*. Попут месечара који пролазећи кроз зидове напуштених здања непрестано мења пол (*Херувимска*) или анђела који је бесполан, па стога људском сазнању тајанствен и недоступан, они нас непрестано, ипак, враћају питањима свога зачетка и судбине, која је обележена „гатањем по птичјем лету" (Тракл). Уз то, минуциозни, стрпљиви поступак описивања без сумње наводи на помисао да је реч о метонимијском, узастопном уланчавању језичких трагова, али нас метафорички искорак којим фрагмент по правилу почиње или завршава потврђује ауторово осциловање између метафоричког и метонимијског наративног пола откривајући тако своју постмодерну визуру (Дебељак, 1988, 212–213).

У првој целини рукописа *Сан раша* под насловом *Град* поједини мотиви (град, хангар, паучина, перје) имају најпре метафоричко-афективни учинак: „Дечак се пење на велосипед и одлази. Вози годинама. Али град расте брже него што он вози". У другом случају, међутим, исти тај мотив добија функцију лајтмотива који утиче на даље уланчавање фрагмената и њихову сижејну, мозаичку структуру: „Кад свилене бубе више нису могле да опстану у чађи града, почело се са гајењем паукова". Исти овај мотив гајења паукова Митровић ће касније поменути поводом израде чарапа од паучине, а даље налазимо да су се од ове материје правили свадбени и погребни велови. Завршна реченица фрагмента гласи: „Како је паучина била сива, *они се више нису разликовали*" (подвукла Б. С. П.) Она уводи текст у простор фантастичког преламања и то према начелу оптичког, колористичког својства паучине и велова – сиве боје. Фрагменти текстова *Град* и *Сан раша* нису, према ауторовим речима, тек набацани „већ брижљиво уклопљени" (Митровић, 1981, 16), што сведочи о његовој свесној намери да техником монтаже имитира конструкцију целине састављену од разнородних али симултано повезаних „епизода" на наличју митског предлошка *polisa* као бодлеровског и џојсовског симбола отуђености.

Жанровска структура књиге *Расе* комплекснија је од претходне већ и по томе што поседује неку врсту оквирних фрагмената написаних у првом лицу. „Шума мртвих" и „Херувимска" више личе на кратке приче писане из нејасне позиције гласа, преносиоца митских и алхемијских завештања. Централни текстови „Пре потопа", „Расе", краћи текст „Атлантида" имају функцију да дескриптивним поступком песме у прози/цртице интензивирају и објективизују симболички потенцијал целине рукописа, стварајући утисак временске хаотичности и дисконтинуитета. Тако се изнова поставља питање статуса субјекта текста, који од флуидног бића/духа/дрвета одједном постаје *око камере* која дубоко под водом снима уснули, препотопски свет.

Изражајне могућности морфолошког преображавања фрагмента Немање Митровића заиста су изузетне. Његова иницијална дескриптивност и синтаксички правилна конструкција која углавном не негује инверзије и нагле промене ритма карактеристичне за поезију, ипак често посеже за парадоксалним метафоричким обртима. Поготово онда када фрагмент подражава кратку причу/параболу или есејистичко-медитативни запис који преовлађују у књигама *Душе и сūвари* (1988) и делом у збирци допуна *Град ūоред свеūа* (1994). Властиту непредвидљивост своје харизматичне природе фрагмент је достигао у књизи *Песма из мора* (1995) која се попут рукописа *Расе* може читати као нека врста прозне поеме изразито метафоричког набоја. Отуд фрагмент може узети на себе лик Кафкине параболе која настаје деконструкцијом приче о животињама (*Душе и сūвари, 1988, 43)*, предања везаних за постанак копна, река, Христова чуда или поједине историјске догађаје, али и експресионистички очуђену прозно-поетску структуру која почива на естетици бруталности и шока (*Град ūоред свеūа,* 1994, 5, 7, 36), језичку парафразу Хичкокових филмских кадрова и опсесија („Кула", 66), гротескну цртицу с темом двојника („Глумац", 63).

Занимљиво је видети шта се десило с фрагментом у две наративно најразвијеније пишчеве књиге *У знаку рибе* (1987) и *Приче за очи* (1990). Девет прозних текстова из прве књиге представљају до сада најозбиљнији Митровићев покушај да комбинованом техником дескрипције и нарације оствари *ūексūуалносū сна,* узимајући за полазиште бајколики и чудесни свет детињства. Метафора буђења *уснулоī дечака* и његових доживљаја у свету одраслих окосница су већине прича, а фигура/маска спавача наследник је Поових и Траклових јунака. У тексту *Снови и дани* сижејни акценат стављен је на непосредно богатство чулних утисака који се мешају с перцепцијом из сна – отуд се нарација одвија кроз технику проклизавања слика и сцена којима се развија прича, док се дескрипција јавља у функцији предочавања *чулности снатрења* и успоравања темпа приповедања. На овај начин се развија прича о разним епизодама из живота дечака-старца што утиче на метонимијски поредак текста, да би се дескрипцијом свет дочарао изнутра, из срца ствари, наглашавајући метафорички пол приче: „Једне ноћи се вратио из града баш када се отац спремао да побегне од куће и отпутује са циркусом. Мајка спава. На грудима јој седи петао замагљених очију, грбавац главе увучене међу крила; у освит ће се пробудити усана раскрвављених његовим пољупцем. Испраћен буњцањем, отац се искрада из собе" (*Снови и дани, 16*).

Напоредо с фрагментом етиолошког или анегдотског типа у књизи *Приче за очи* Немања Митровић се определио за два типа приповедања. Прво је ближе оном из претходно наведене збирке и почива на ониричкој техници („Хоћу да будем велико дрво", „Отац Симеон", „На ноћним излетима"), док се други може означити као ауторово *васпостављање приче* у традиционалном смислу речи, али ослоњено на разградњу појединих образаца (топике, типа фабуле и јунака) из раздобља од романтизма до модернизма. Специфично преиспитивање романтичарског модела фабулирања и редукцију новелистичког сижеа аутор ће остварити у причи *Иза зидова* (трагична љубав строго чуване принцезе са елементима хорора), док ће мотив вампиризма и грофа Дракуле транспонован кроз Поову тему двојника Митровић развити у изузетно занимљивој, загонетној причи *У планини*. И овде је писац прибегао техници успоравања темпа нарације, задржавајући пажњу превасходно на оним моментима који тексту дају фантастичку оптику.

Квазиисторијски, документарни предложак приче/новеле *Крај круга* реинтерпретира егзистенцијално искуство Исидора, младог свештеника и Магелановог сапутника на пропутовању Земљине кугле. Уживљавање у ток свести утамниченог јунака заправо је пишчево медитирање о пролазности људског живота и трауми рођења, запитаност над првенством материје или духа, апокрифно маштање о самоубиству, истраживање тајне рођења и тајне смрти. У предсмртном часу Исидор ће на класичан начин Андрићевих или Селимовићевих јунака помислити и ово: „Онај ко је само окусио живот, а више се не може, зна да је осуђен на нестајање и душа му дрхти, рида за топлотом света који мора да напусти. . . Између блаженог доба када га није било и страшног доба када га неће бити севне живот, мост између два бездана" („Крај круга", 36). Сан се сада појављује у виду архетипске евокације смрти, као жена-мајка са белом, сребрном косом, као у већини психолошких новела из доба модерне. Још уочљивије приближавање моделу психолошке прозе запажа се у причи *Професор Езра* чији би предложак могла бити Манова новела *Смрт у Венецији*, како је приметио Милован Марчетић (Марчетић, 1990, 106). Овде се констатује да је психолошки слој дубље померен као зачудном и ирационалном. Градацијом снова потврђује се почетна претпоставка јунака да је у њима садржана његова будућност, док се вожња гондолом на крају не претвори у лаки мртвачки ковчег који нечујно клизи по каналима Венеције.

Траума фетуса или метафора близанаца

Сан је у српској књижевности на самосвојан начин повезан са темом зачећа *(Душе и ствари, 50)*, пренаталног живота фетуса *(Исто, 47)* и чином самога рођења *(Приче за очи, 36)*. Тек иза ових примарних тема које га традицијски приближавају рецимо Дису и Растку Петровићу, развија се тема детињства као чин метафоричког неодрастања (Росић, 1995, 117), односно одбијања да се прихвати живот који постоји *изван снова*. Отуд су сви Митровићеви јунаци у ствари маске спавача и уснулих који живе свој раскошни, пренатални живот у топлини мајчине утробе, да би буђење-рођење за њих значило трауматично искуство *престанка снова* и суочавање с грубом материјалношћу ванматеринског света. Због тога они своју егзистенцију доживљавају као атак на њихова осетљива чула прилагођена животу у тамној, воденој средини мајчине утробе, тој „песми из мора". Опојни сан о пореклу разних ишчезлих врста људи и животиња истовремено кореспондира и сазнању о њиховом нестанку, ишчезавању и смрти.

У причи *Бесједа Моноса и Уне* Е. А. По каже: „Напослијетку, као што се често дешава спавачима *(Смрт* замишљамо само у сликама спавања и његова свијета) – напосљетку, као што се на Земљи понекад догађа човјеку дубоко утонулу у сан, кад га нека случајна светлост напола пробуди, а напола још остави у сновима" (Е. А. Пое, 1986, 305). Фигуре уснулих и умрлих повезује у текстовима Немање Митровића *метафора близанаца*, Хипноса и Танатоса, хеленских дечака богова (Замуровић, 1936, II, 456–457), од којих први објављује присуство оног другог у живима – као сећање на пренатални живот и као визију будућег непознатог, чаробног света Хада. Погледајмо то на примерима: „Људи су се будили из немирних снова, напипавајући и гушећи птице које су луделе у загушљивим, надувеним коморама" (*Сан рата*, 1980, 7). Или у фрагменту о штрајку месечара испред фабрике сапуна писац каже: „Полегли или клонули због паљбе, профила сљубљених уз те гојазне јастуке, у сенци својих изрешетаних амрела, нису се разликовали *уснули и мртви* (курзив Б. С. П.).

У тексту *Пре йойой* Митровић описује живот разних животињских популација, њихово рађање и нестајање. Тако потомство јежева не сазрева у мајчиној утроби, већ „замеци расту у бројним, крупним зрнима снежног пасуља" и остају скривени у „топлој, мрачној унутрашњости, *уīушено ойојним сном*" *(Расе,* 16, курзив Б. С. П.). Зачеће може добити и изразито метафоричку конотацију: „У уљастим гибањима јаре зачета су и развејана утварна царска здања. По сунчаним одајама снено ускрсавају древна покољења" (Исто, 32). Гротескна слика овалних јаја која расту у мајчиној утроби поново се раствара у двогубој метафори сагласја између сна и смрти: „Скрштених удова, потомство је *сахрањено* у својим мајкама. Склупчана тела *уснулих* исијавају око себе златасте ореоле. Озарене благим жарењем, утробе жена дрхте у грозници (35, курзив Б. С. П.).

Фигуру спавача познаје поред Поа и Рембо – код њега се као и код Митровића појављује дечак са смрћу на уснама *(Сйавач у долу).* Најразвијенију слику хеленских богова-близанаца као архетипова који изнутра одређују живот и смрт дечака остварио је Георг Тракл у својој поезији и лирској прози *Сан и йомрачење.* Између Траклових и Митровићевих фантазми постоји сликовно-метафорички континуитет, како на плану појединих мотива/слика, тако и у погледу семантичких рефлекса. Траклова поетика открива демоничну природу експресионистичких јунака код којих је лудило један вид одбране од спољњег света, заправо реакција на њега. У својој последњој инстанци, лудило се јавља као потпуни облик отуђења не само од цивилизације и друштва, већ и од самога себе. (Анц, 1987, 64). Због тога метафора сна код Тракла увек има конотацију зла *(Сан зла, Преображај зла),* јер попут неке апстрактне и неумољиве силе каналише лудило, потиснуте жеље, осећање кривице, док истовремено преображава помрачење ума (лудило) у сан пред *йредворјем смрйи.* Фигура дечака-старца белих веђа што бешумно пролази кроз зидове празних кућа или се крије испод напуштених стубишта и тајних одаја, непрестано призива свест о „пропадању свог пола", које је казна за болесну крв предака, инцестуозну љубав према сестри или сексуално злостављање деце. Тако у огледалу Хелијан може изненада да спази своју ружичасту душу, Елисова пропаст огледа се у „црној пећини нашег ћутања", а Себастијан у сну тихо се спушта низ „сумрачне завојите степенице". Самоћа и изолација порађају лудило, али су у сну пропаст и страдање душе некако умекшанији, без оштрих резова између две паралелне реалности. И још више од тога – сан увек може дозвати смрт која се тада јавља као олакшање, озарење, Нови живот.

Митровићев уснули дечак из приче *Снови и дани* као да је силом доведен на овај свет – избачен из свог кревета у којем је сањао сном фетуса он је „за једну зиму постао старац. . . Глас му је постао дубљи, мисли тамније. Крије се од себе у сан" (*У знаку рибе*, 8). Свет у којем се обрео заправо је свет смрти, а не снова, јер смрт представља драстичну форму разлике („Смрт прилази и као да му скида чинове с ваге рамена, лишава га особина"). И убрзо ће дечак угледати свој други лик, свога брата близанца: „Из огледала га посматра дечак његовог раста и његових црта. Душе им се опипавају роговима пужа; *ноћ их раздваја* (курзив Б. С. П.). У причи *На ноћним излетима*, приликом путовања у Доњи свет, јунак у сапутнику изненада препознаје умрлог рођака: „Тренутак пре него што ме његов ударац покоси, препознајем рођака коме сам пошао у посету – иако личи на мене више него икада, *као да смо близанци* (курзив Б. С. П.). У дечаку се мешају утисци из разних светова, али он стално мисли на „смрт и јасно види дан када га неће бити". Због тога се од стварности брани „гардом заметка", као „атлас преслаб да понесе свет своје главе" („Снови и дани", 19). И у већини других прича збирке *У знаку рибе* дечак-спавач брани се од света сном, зачас се претапајући у *сећање о самоме себи* што га одводи у шпиље сновиђења и архетипске посете мртвима (у томе је Митровић сличан, рецимо, прози М. Настасијевића). Текстови „Иза боја" и „Сами" обнављају Траклово искуство уснулог после напада лудила („Сада су мирне његове бледе руке у којима се гнездио демон. Удише ноћ. Ветар је пун лавежа; он не чује далеке гласове хајке"). Сан убице о свечаном чину властитог погубљења још више појачава гротескно-параболичну атмосферу експресионистичке кратке прозе (Деблин, Хајм, Тракл).

Ипак се код Немање Митровића никада не уочава *јасно порекло* појединих слика и метафоричких конотација у равни психоанализе, филозофије или религије. Због тога се наглашена визуелност експресионистичке прозе и њихова алегоричност овде релативизује и неутрализује у самом типу прозне фактуре коју сам на почетку описала као несвесни сценарио наративног филма што конституише структуру самог јаства уписаног у текст. Дакле не асптракцију јаства, већ његову развејаност, распршеност, прозирност, порозност, покретљивост и означитељску поливаленцију. Херметизам Митровићевих фрагмената није везан само за њихов тешко читљиви метафорички план, већ и за синтаксичку раван организације различитих слојева текстуалности, чија природа не дозвољава олако апстраховање и сегментирање у процесу њиховог тумачења. Зато пишчеви јунаци функционишу само као један од синтаксичких везивних елемената – истина кључних – онда када је аутору потребна унутрашња артикулација ониричког поступка. Изван тога, они готово да и не постоје, па остаје једино сећање на њихово присуство у намагнетисаним честицама фантазми Хипноса и Танатоса.

Упркос томе, поготово у последњим књигама, може се запазити одређена дистанца према постмодерном схватању да свет и субјекат постоје једино у језику. Обратно, Митровић каже да „речи нису способне да дочарају све нијансе оне непоновљиве раскоши коју околина увек нуди. Свет се не може уловити и задржати аветињским мрежама речи. Колико од онога што чини доживљај доспе у речи које сви делимо, а колико неизрецивог, за свачију душу понаособ остане у порцеланским урнама очију и фишецима ушију?" (*Душе и ствари*, 12). Ово просијавање модернистичке поетике није код Немање Митровића случајно, већ указује на преобликовање егзистенцијалног/персоналног искуства оличеног у тајни појединачног постојања. Јер, иако су све приче већ одавно испричане и написане, иако је све већ пре нас неко створио – остаје непоновљиви траг упитаности људске јединке као бића које страхује и чезне, нада се и пати. И тада је запис о томе увек ново именовање времена и простора, васкрсавање себе између две тачке – Времена и Сећања.

Страх од свега

Претпоследња Митровићева књига *Песма из мора,* иначе готово незапажена код критике (очигледно је у питању уздржаност, па чак и недопадање, али и неразумевање, јер би у противном била бучно поздрављена), наговестила је један другачији стваралачки период који се све више помера у правцу песничког / стиховног у ужем смислу речи. *Песма из мора* конструисана је из низа фрагмената који, међутим, немају унутрашње тематско и поетичко јединство као што су то на пример имале *Расе,* већ су подређени једној асоцијативној, хипничкој техници смењивања рудиментираних митских слика. Оне се, пак, распадају изнутра, због одвећ удаљеног, алузивног контекста значења.

Митровићева последња збирка и уједно прва песничка књига *Страх од свега* (1997) разрешава ову познату жанровску дилему први пут се определивши за стих, а не за прозни исказ. Већ је наглашено да су прозне збирке Немање Митровића, углавном написане у фантастичком кључу многи доживљавали као поезију у прози, дакле као еминентно лирски универзум преобучен, међутим, у костим приче. Занимљиво је стога утврдити да ли је тридесетак стиховних фрагмената ове збирке утемељено у сродном типу поетике коју сам означила као *филм сна*, односно близаначким фигурама Хипноса и Танатоса. Лирика Немање Митровића већ самим насловом транспарентније од његових осталих збирки упућује на своје посредно мотивско исходиште, а то су егзистенцијална усамљеност и готово опсесивни страх сензибилног субјекта у додиру са светом.

Без обзира на то да ли је реч о тзв. реалном свету или свету поунутрашњеног лирског „ја" које је залутало, изгубљено у вратима. Метафора врата, која као у поеми *Приближавање* Ж. Николића немају ни краја ни почетка, ни некакав стварни облик, већ у својим крајевима нестају, представља онај *знак иницијације, уласка, посвећења* што се запажа и у поезији Војислава Карановића. У Митровићевим стиховима она не воде у сферична пространства већ у ентеријер властите душе, прецизније властите собе у којој се сања чудесни *Ego trip*. Отуд ће се комуникација између онога што песнику представља спољњи подстицај (утисци из реалности) и онога што је у њему самом похрањено као сећање на један бивши живот одвијати на самој граници свести, често као сума ирационалних знања које песник интуитивно наслућује. Чврсто фиксирана *минималистичка слика* оно је што Митровићеву поезију дефинитивно удаљује од његове језички знатно богатије прозе. Метафоре преображавања песниковог идентитета истовремено указују на корелацију његове *душе са стварима*.

Некада је овај однос дат у виду дескриптивног, деперсонализованог исказа, а некада је тропом обухваћен и сами лирски субјекат. На пример: „Празан тањир на зиду. / Пун месец у прозору. / Месец је тањир пун прашине. / Сунце је још дете", насупрот оваквим метафорама у којима се врши пренесена идентификација субјекта: „Ја сам тањир супе која се хлади. / Ја сам напукли тањир који крвари. / Киша ме стално пуни и празни".

Унутрашњи тематско-мотивски развој ове лирске поеме има као исходиште *страх од свега*, односно мотив немогућности приближавања свету и његовом обухвату, јер му сваки блиски додир причињава бол: „Удице у свакој пори ! Вуку, цепају моју малену кожу, / свака са своје недостижне звезде". Истовремено, лирски субјекат стреми ка одређеним чвршћим тачкама у којима се Митровићева поема може читати и као љубавна („Кратке јаке љубави / ко коњски ударац / још ме ломе"). жена као астрално биће везано звездама и огрнуто ветром указује се песнику као Дисова и Костићева идеална драга за којом се само чезне и трага, док га она греје старом љубављу, „већ много даљом од месеца". Између тражења и не-налажења отвара се тако читав простор сневања који се, међутим, по песника завршава удаљавањем од жељене жене и степеновањем њиховог међусобног јаза: „Гледаш у земљу. / Ја облаке. / Ти имаш слова, ја имам глас. / Ти имаш лажи, ја имам сан", да би после ових субјективно обојених метафора Немања Митровић то пренео на ниво универзалних исказа: „Свој бол смирујеш туђим. / Љубав је претеривање, / трпљење и нестрпљење, / слављење и презирање. / Ничег тачног, стварног". Овакав, готово афористички тип изражавања био је особен и за Митровићеву збирку *Душе и ствари* (1988), али у контексту стихoвног говора он добија функцију дискурзивног репера према метафоричком типу исказа.

Јер лирика Немање Митровића успоставља комуникацију са читаоцем непосредно, знатно транспарентније него његова фантастичка проза, у којој је наративно „ја" углавном потиснуто или трансформисано у фигуре чудесних дечака/јунака. Драж опорих стихова збирке *Страх од свега* отвара се на нивоу артикулације неке врсте *исповести*, дакле онога што у традиционалном смислу одређује лирски род. Али је и тада, иако је емоционално максимално концентрисана у својим сликама, ритмички једноставна и баш због тога ефектна, заснована на контрасним визуелним и значењским паровима. Има у овој збирци пуно алузија на напуштено место живљења и људе у њему, пуно туге због проживљавања „туђих дана" и свести да се стоји пред зидом, увек са истим питањима: „Одговора ни са једне стране, / јер више нема страна. / Сам пред тачком". Придев *сам* и остале речи изведене од њега веома су фреквентне у овој збирци („сам бројим кишу", „Над свима, самима, / ко гробови се дижу царства", „На све, саме / ко гробови належу царства", „Једем сам", итд).

Лирски субјекат пажљивим одабиром језичких средстава сугерише атмосферу потпуне интровертираности, али и чежњу за досезањем метафизичког апсолута, који је најчешће оличен у метафори звезда. Инсистирајући, као и у својој прози, на визуелном моменту, аутор веома често користи реч *бело* у различитим облицима, што може да означи природу амбијента у дословном и пренесеном значењу („Моја постеља бела као снег / Моја постеља чиста као снег / Моја постеља хладна као снег"). Понекад Митровић асоцира поједине мотиве из препотопског ван-времена своје збирке *Расе*, па се стиче утисак да је захваљујући језичкој економији овде постигнута максимална концентрација значења, баш тамо где у прози стоје опширни и стрпљиви описи. Мотиви *дома*, *брега*, *гроба*, као и мотив *бродовља* које се отискује незнано куд, асоцира на ауторову шифровану поруку из *Илијаде*, или неког од старих епова. Бајколико онеобичавање детаља препознатих из свакодневице као и механичко понављање појединих радњи (јело, спавање, шетња, посматрање, размишљање) сустичу се у кључној метафоричкој опозицији *ледене врелине* која још једном указује на темељну разлику у перцепцији између онога *споља* и онога *унутра*. Облак који се у песниковој глави појављује истовремено *врео и леден* сугерише супротносмерне одреднице које у завршним стиховима Митровићеве поеме добијају назнаке животних сила Ероса и Танатоса оличених у некој врсти *буке и беса*, или како песник каже: „Нешто ледено врело, / што крик не објашњава, / отвара врата у којима се губим". Врата ума, врата бескраја, врата кроз која струји вечита промаја, као у чувеној Митровићевој причи *Херувимска*.

ПРОЛЕГОМЕНА ЗА ЧИТАЊЕ
КУЋА БАХОВЕ МУЗИКЕ (1998)
ДРАГАНА ЈОВАНОВИЋА ДАНИЛОВА

Негде при крају збирке *Европа под снегом*, у аутопоетичкој „фус-ноти" карактеристичног наслова „Душа, срце, DAS NICHTS", Д. Ј. Данилов наговештава заокружење свога трокњижја које је отпочео најпре књигом *Кућа Бахове музике* (1993), преко рукописа *Живи пергамент* (1994), до *Европе под снегом* (1995) у којој напомиње да читаоцима не жели да сугерише „музику сфера", већ „катедралу душе", један готово архитектонски пројекат којим настоји да обнови мистичко, орфејско искуство поезије, да ре-креира екуменску утопију *песништва као аутентичне онтолошке и егзистенцијалне одреднице људског бића које говори*. Стога ова *Интегрална Књига Поезије* није само прости, механички редослед претходно објављених ауторових збирки, нити се може разумети искључиво у кључу досадашње не мале, и никако унисоне критичке рецепције овога песника. Најзначајнија новина је њена другачија композиција која уважава сложене унутарње и често потпуно противречне поетичке путање на којима почива рукопис „Тихе књиге о бескрају". А заправо је изналажење њене невидљиве жиже кохеренције и њених композицијско-значењских екваторијала био највећи изазов за некога ко је, попут мене, учествовао у градњи овог рукописа. Тешкоће су искрсавале на свим странама – *Кућа Бахове музике* није се једноставно давала свести на одређене тематско-мотивске комплексе, или на чисте жанровске обрасце, иако је све то, одједном, носила: и праве љубавне песме наглашене чулности, и жанр-сцене из руралне, полуруралне и урбане свакодневице, и програмске/аутопоетичке, често полемички интониране песме дугог и кратког стиха, и сонете, и афоризме, катрене, песме у прози, дуге, по својој интонацији епске песме / поеме, чак и „чисту прозу" коју је Данилов касније развио у *Алманаху пешчаних дина* (1996), роману без којег, опет парадоксално, није могуће разумети ауторову поезију. И обратно.

Стога сам се определила за структуру рукописа као „хармонске грађевине", која ће, колико год то било могуће, следити два основна принципа експлицирана у завршном есеју *Шуберш и Бах као аншийоди* – начело лирског говора, пригушеног интимног тона којим се поетизују детаљи, свакодневне секунде наше временске и просторне испуњености, и њему комплементарно, али често супротно начело космолошких визија и метафизичког, астралног патоса који симболизује Бахова монументална музика. С обзиром да је Даниловљева поезија у много чему евокација и реновација романтичарске универзалне поетике (не сведоче ли о томе цитати Китса или постромантичара Витмана), учинила ми се занимљивом идеја о обнови *хијерархије йесничких врсша*, како су то предлагали браћа Шлегел.

Због тога сам мотивско-стилски и поетички комплекс осам Даниловљевих циклуса покушала да прилагодим основним идејама романтичарског схватања песничких жанрова – од лирике и палимпсеста који су написани полиметријским/слободним стихом са „прозним опкорачењима", преко сонетног циклуса – псалтира што представља симетралу књиге, до песама у прози и покушаја епског певања. Оваква условна жанровска хомогенизација умногоме интензивира, али истовремено и диференцира одређени тематско-мотивски потенцијал Даниловљеве поезије који се попут одсјаја из огледала прелама из песме у песму, из циклуса у циклус, из збирке у збирку. Унутрашњи ритам целине управо је одређен смењивањем типова „хармонских прелаза" и „визуелних осветљења и затамњења". Другим речима, од топле интроспекције до ироничне гротеске, од дескрипције „чулних делиријума" ка медитативном запису, од хармоничне, хладне форме сонета-псалма који подсећа на идеале парнасовске поезије до апокалиптичних песама које опевају катастрофу из циклуса „Европа под снегом". Светло и тамно, пригушено и гласно, готово химнично, свет субјективних понирања у језик насупрот језичкој екстази надсубјективне реалности може се пратити пажљивим читањем, но и тада, понављам, више интуитивно него систематски. И то не због тога што у *Кући Бахове музике* нема система, већ зато што је тај систем полифонијски разуђен у мноштво праваца тумачења, па се овај нуди само као један од могућих провизоријума на којем би могло да отпочне наше путовање кроз песништво Д. Ј. Данилова. У тишини.

У одајама Куће Бахове музике

Уколико читалац следи „упутство за употребу" с почетка књиге, убрзо ће се уверити да мора поступити баш према песниковој сугестији: „Ове песме треба читати по оном Китсовом савету – узимати их једну по једну, с времена на време, према потреби, и пуштати да се растворе у уму". И заиста, ову је Књигу немогуће прочитати наизуст, песму за песмом, циклус за циклусом, од почетка до краја. Могуће је отворити било коју страницу, чак бацити поглед на било који појединачни стих и имати присно осећање да је то већ негде виђено, прочитано или проосећано, као ствари које за собом увек остављају ауру парфема или празне кутијице зачина – цимета, ваниле, нане, јасминовог чаја. Суочен са опојним Даниловљевим „плетенијем словес" читалац осећа као да је заслепљен јаком, флуоресцентном светлошћу коју исијавају рекламе неког велеградског булевара, после чега ће пожелети да на тренутак затвори очи и побегне у неку мрачну и тиху улицу да би се опоравио и прибрао од шока изазваног бројношћу, квалитетом и брзином утисака. Или – као да га је запљуснула интензивна соларна светлост од које се помућује разум. Јер песник нас одиста уводи у *Царство чула*, мењајући ритам и расположење из песме у песму, из циклуса у циклус, модулирајући властити глас у распону од експлозивног, виталистичког *crescenda* до благог, умирујућег, једва чујног *pianissima*. Ова промена ритма и интонације Даниловљевог певања најбоље се запажа у погледу лика полиметријског стиха који у *Кући Бахове музике* поседује изузетну прилагодљивост и спонтану трансформацију у различита формална решења. Од елиптичних, гномских стихова карактеристичних за поједине раније збирке, стихови овог интегралног рукописа ослобађају се ношени унутрашњом енергијом слике, досежући и прозну фактуру песме у прози, тог двополног прозно-поетског фрагмента. Та енергија слике почива на рембоовском наслеђу нагомилавања зачудних метафоричких склопова и микро целина, односно на пролиферацији тзв. надреалне метафоре и поређења који спајају појмове из потпуно опречних сфера људске реалности. Подражавање различитих музичких облика као што су рондо, блуз, госпел, кончерто, квартет, такође указују на неодвојиву везу Даниловљевог полифонијског стиха са илузијом музичког медија. Отуда и песникова потреба да у завршном есеју начини несвакидашње али темељно поређење између Баха и Шуберта, и то по принципу антитезе, према истом оном начелу коме је и сам Данилов веома склон.

Шта је, заправо, *Кућа Бахове музике*? Постоји ли у њој заиста некаква рука рилкеовског Бога „која свему тајно даје склад", или је реч о примеру необуздане, готово анархичне употребе језика, о неконтролисаним изливима надреалистичких полуција и понекад извештаченим, готово насилним синтагмама и спојевима од којих најчешће уху могу засметати понекад проблематичне генитивне метафоре типа „грација димија"? Традиционално-миметички настројени критичар свакако ће се ужаснути пред оваквим језичким облицима који су авангардисти практично промовисали још пре осам деценија.

У бројним Даниловљевим песмама могу се препознати незаобилазни утицаји свеукупног западноевропског и словенског авангардног наслеђа и још даље од тога – ове се песме доимају попут некаквог постмодерног необрађеног драгог камена у коме се пресијавају сродне, али и сасвим опречне стилско-поетичке тенденције. С једне стране, уочава се чежња за апсолутном и вечном Лепотом и Хармонијом, што се посебно осећа у сонетном циклусу „Дубока тишина", па и добром делу песама у прози шестог циклуса „Живи пергамент", као и у текстовима који сачињавају „Хиперволумен". Барокно истицање опрека као што су телесно/духовно, врлина/грех, самоиспаштање/чистота, помама чула насупрот недодирљивости духа/душе разрешавају се понекад у класицистичком маниру химнично-патетичних кантилена. С друге стране, у већини песама првог, другог и трећег циклуса појављује се топос (само)одређења сопства и текста као својеврсне *ерогене зоне*, преиспитивање те љубавничке релације *йесник-женсивеноси-иексиуалноси*, феномена певања и психолошког доживљавања читаочевог ума. Стога се лирско и исповедно, што посебно овим циклусима даје један особени неоромантичарски штимунг, раствара и топи у комадићима ироничних опсервација, пастиша, цитата, каламбура, парадокса и досетки, који у појединим песмама несумњиво подсете на барокни кончетизам, али и на игре речи првака авангардног песништва (А. Мишо, Р. Шар). Истовремено, овај хедонистички и естетицистички однос према језику води порекло од романтичара, преко симболиста, посебно Бодлера и његове склоности ка спајању апстрактних и материјалних појмова, строге, готово класицистичке форме и затамњених садржинских склопова, што су потом усвојили следбеници модернистичког и авангардног поетског концепта.

Варирам, дакле йосшојим

За Даниловљев поетички систем, посебно за прва три циклуса, карактеристична је свесна употреба палимпсестних поступака и хагиопоетизација света, што овога песника приближава естетским принципима постмодерног песништва. Аутор, наиме, поседује еклектичку страст према старим типовима поетских образаца, у првом реду ренесансном, барокном и класицистичком, односно класичним моделима певања. То је нарочито видљиво у прози *Алманах йешчаних дина* са којим је *Кућа Бахове музике* нераскидиво повезана. Оно што обједињује читаву структуру рукописа управо је ауторска личност, која свој свет изједначава са светом *дивинизованог шексша*, манипулишући његовим безбројним варијацијама, увлачећи читаоца у бескрајну игру метафоричко-метонимијских укрштаја. У центру текстуалне али и космичке галаксије налази се Песник, и то Poeta Vates, који је слично романтичарско-авангардном уверењу заправо *Alter Deus*, или како аутор записује: „Ја сам Пантокре(е)атор", увек умножен на хиљаду начина, многолик, велики, никада једнак самоме себи. Ово одређивање јаства кроз његову властиту измењивост, измицање и недовршеност упућују на стално нову и нову потребу за означавањем тог *никада исшог*, јер „речи су већ први завој, мјахки водени ореоли што сикте у тишини као крошње" („Mnemosyna и њено рухо"). Сазнање и самоспознаја појављују се код Данилова увек ауторефлексивно, али то не значи да имају таутолошку вредност и да не поседују мистерију која изнова очарава и збуњује: „Све, све је уметнуто између нечег сасвим одређеног, негде у празном, где тек треба да шикну гејзири" („Силажење у писмо"). Меланхолнична идеја о дометима и изазовима људске егзистенције песника никако не оставља равнодушним нити у стању *fait acomplis* – напротив, иако бива утешен у загрљају Изабеле, Аралене и мириса њихових дојки, он се не препушта сети или депресији, већ из стихова зрачи нека врста витализма, плодоносна енергија просветљења и враћања поезији њеног божанског својства: „Сваког новог дана огањ у рукопису. Текст који се изговори као у бунилу" („Opera bona", „Разумевање читаочевог ума"). Иако свестан поигравања са читаоцем, Данилов тој магичној комуникацији не одриче занос, па чак и страст: „О, да ми је доживети твоје доживљавање док ово читаш и ти моје док сам ово писао, док смо једно другом били невидљиви кроз озледе".

Писање/певање као и читање/идентификација са текстом имају заједничко исходиште у есенцијалном болу због незацељене ране Света, у којем смо *Све-једно, Све-у-једном*, и део целине и целина дела, што се прелама попут Нарцисовог лика у огледалу. Због тога Данилов на једном месту у *Алманаху пешчаних дина* себе пореди са усамљеним дечаком Хиперионом, богом Поезије, која је по својој природи антирелигиозна у догматском смислу речи, али очигледно није антимистификаторска, јер непрестано тематизује топосе двојника, Нарциса, привида/илузије и суштине. Стога су еротичност и несвакидашња емоционална топлина које прожимају Даниловљеве текстове у непосредној вези са постмодернистичким поступком *варирања*, што сведочи о реновацији манирстичког обрасца *варирам, дакле посшојим*. И као индивидуално песничко искуство и као Зрцало саме Поезије. Отуд су текстуални елементи организовани тако да силуету лирског гласа призову, али никада до краја не одреде, центрирају предвидљивим значењским референцама, већ да читаву текстуалну стратегију остваре на нивоу реторичких бравура, бартовским поиграњима ауторским позицијама „ја као мноштва". Чак и затварање у хармоничну форму каква је сонет не успева да фиксира песнички субјекат за један поетски исказ или за развијање одређене поетске ситуације, већ је само преводи на други жанровски ниво.

Жанровски иромискуишеш или шуђа иисма

Питање жанровског, а затим и композиционог уједначавања текстуалне целине појавило се већ од збирке *Живи пергамент* не само као проблем разумевања ауторових многоликих и многоструко заснованих поетичких претензија већ и као један од показатеља вредносних аспеката ове и наредне књиге *Европа под снегом*. Већ у тој најобимнијој збирци *Живи пергамент* Данилов је отишао најдаље у прилагођавању свога тематско-метафоричког и стилско-поетичког комплекса појединим жанровским обрасцима. Овде се, наиме, по први пут не појављују они, претежно „шубертовски" интонирани палимпсести и лирске песме, иако се доминантни осећајни регистар меланхолије, сете, тугомиља, носталгије и неке врсте *spleena* и овде не напушта, осим што се, да тако кажем, реализује у другачијим хармонским целинама, какве су првенствено сонетни циклус „Дубока тишина" као и један део песама у катренима, а потом и преласком на песме у прози, односно на ритмичку прозу, која се у последњим Даниловљевим збиркама чешће појављује. Овде су оне обједињене унутар циклуса

„Живи палимпсести", чиме се особито скреће пажња на њихов специфични дискурзивни универзум. С друге стране, збирка *Европа под снегом* најавила је још једну од формалних иновација овога песника, који је у том смислу без премца у млађој српској поезији – тзв. дугу песму/поему, која синтетизује елементе лирског говора и наративности//дескрипције. Те песме налазе се у циклусу „Европа под снегом" (Ватрене пирамиде).

Обимни сонетни циклус који је песник сасвим у постмодерном духу именовао и као *псалтир*, одређујући га као „књигу која врши велики уплив на људско срце", доживела сам као симетралу целокупног рукописа из више разлога. Најпре, зато што је по романтичарској теорији браће Шлегел сонет био она *Ultima Forma* лирског песништва која је песницима омогућавала исказивање најсуптилнијег артистичког умећа, дакле форма захтевна и због своје версификацијско-ритмичке структуре, најмузикалнија од свих – сетимо се само какво су место сонети и везани стих заузимали место у песништву симболизма, а у српској традицији од Дучића наовамо ова врста без сумње је постала једна од поетичких и вредносних вертикала. Даниловљеви сонети, међутим, не зову се случајно и псалми – реч је без сумње о стапању, опализацији елемената ових традиционалних песничких врста. С једне стране – сонета и његове строге хармонске архитектонике са постављањем теме у прва два катрена и њеним разрешењем у терцетима – и с друге стране псалма са дугим, неримованим библијским версетом који је заправо тужбалица, чешће колективна него индивидуална. У погледу дужине стиха, Даниловљев сонет варира готово од хексаметра до лирског десетерца са укрштеном, обгрљеном и најчешће сасвим неправилном римом (абаб абаб цде цде).

Оно што је, међутим, од пресудне важности за његов положај у Целини Рукописа јесте високи степен апстраховања значењских смерница Даниловљеве поезије и његова изразита естетизација. Музичким језиком речено, чистота теме која материјалност самога језика уздиже до сфере његовог онеобичавања кроз поступак *патинизације*, својеврсне технике *призивања, еха једног старог/бившег сензибилитета*. Ови сонети, због инсистирања на музикалности и наглашеној визуелности (појављују се типични контрасти и боје карактеристични за раздобље сецесије као што су бело/црно, плаво, црвено и особито златно као боја обиља и хармонске равнотеже, али и сјаја, како спољашњег, тако и унутрашњег, што симболизује апсолутну Лепоту), доживљавају се као нека врста пленеристичког акварела или злаћаних минијатура са скупоцених предмета епохе барока и рококоа.

Ипак, у њих је утиснут основни принцип *Куће Бахове музике*: синтеза метафизичке слутње Прапочетка и Хаоса, дакле запитаности над универзалијама која сваки субјективни принцип одмах пројектује у васељенску светлосну енергију и индивидуални, двосмислени, меланхолнични отисак противречног јаства које се уписује у тај кристални поредак, и који је каткада потпуно бешћутан и нем, равнодушан у односу на лирски субјекат, а каткада они узајамно трепере својим резонанцама. У том смислу, у овим сонетима појављују се крхотине, златна прашина песникових честих мотива – Нарциса и огледала, античких митова и јунака, клепсидре, млека, ћилибара и снега, али исто тако и тема молитве/псалма, за коју аутор на једном другом месту каже да „молити значи понављати". Шта? Да ли речи, да ли плач, да ли неку исту ритуалну радњу, неку магијску музичку тему да бисмо дирнули онога коме срце није од злата, већ од леда или стакла, али је због њега наш поглед плав? Навешћемо и анализирати један карактеристичан Даниловљев сонет:

ПАРОС, ЗЛАТО

Љубици Мркаљ

Подне на Паросу, злаћано, ко од срме,
макови у житу пурпурном мрију,
аквамарин засечен раоником крме,
снег и шаш што на врховима снију.

Из љупке црквице бруј искона звони,
кретом плахим галеб ми посини жуд,
заблудела вода брег деве одрони,
о, шта је тако сакрално као блуд?

Миомиром метве и лакоћом перја
у души се стани плавет морских вала
лахори, учас, запахну жала и можда зато

уздрхте свеће миром предвечерја,
ћилибар вина заискри у пехару од кристала,
у форму сонета – наливено злато.

У уводном катрену читаоцу се предочава једна визуелно изразито интензивна, али у себи противречна слика која је наизглед саздана од исказа саставног типа, чија је функција да што ефектније опише атмосферу грчког острва Парос са којег потиче чувени мермер коришћен одвајкада за израду хеленских храмова и скулптура. Већ у првом стиху песник поред атрибута „злаћано" додаје и метафоричко поређење „ко од срме" алудирајући тиме на могуће преливе од светлије ка тамнијој нијанси златне боје, типично сецесионистички, чиме се ова на први поглед дучићевска слика помера у правцу артифицијелности и декоративног доживљаја природе као „вештачког раја", како је говорио Бодлер. Макови који „мрију" у „житу пурпурном" такође представљају мали парадокс, јер песник не каже за макове да су пурпурни (интензивно црвени), већ је такво жито, чиме се посредно сугерише њихов изглед услед подневне обасјаности сунчевом светлошћу. Али, због чега ти макови умиру? Вероватно зато што се сунце у подне налази у зениту, а после тога они почињу да затварају своје чашице предајући се ноћном сну. Трећи стих је реторички посебно занимљив и упечатљиво показује Даниловљев изузетни осећај за поступак елиптичког сажимања, односно метафоричке редукције синтаксичког низа – уместо да каже, рецимо, „вода боје аквамарина била је засечена раоником крме", аутор ће упоребити смелу елипсу „аквамарин засечен „раоником крме", чиме се читав призор у још већем степену смешта у простор артифицијелне илузије, чак се премешта у други медиј, пре свега сликарски. „Снег и шаш што на врховима снију" чине очигледан контраст тзв. топлим бојама из прва два стиха, али су глаголи „снију" и „мрију" семантички веома блиски и упућују на неку врсту подневне *сиесте*/*замирања*.

Други катрен нас посредно уводи у егзистенцијални свет лирског субјекта и његове темељне теме односа између Писма и Апсолута, између Говора и Немости. Ако је „ужасна лепота" оно што песник треба да заодене у „форму сонета", онда је „нема аура писма" она „јека Апсолута" која се може изрећи, али не и појмити, јер припада сфери мистичне тајне Речи. Феномен „ужасне лепоте" у себи раскрива двојност, расцепљеност, расцепљеност на чулно и духовно, на сакрално и блудно, које се у песнику јавља напоредо, али не у виду раздирања супротности/дуализма као код, рецимо, Настасијевића или већине модернистичких/ експресионистичких песника, већ као повратак митском прапочелу рађања Афродите из пене, када су жудња и блуд значили директно обожавање Лепоте, али не њене Идеје, већ њене Материјалности.

У преостала два терцета ова подневна слика острва Парос добија још видније знакове кретања од спољашњег простора дескрипције ка поунутрашњењу, али опет уз један необичан, неодређен детаљ. Атмосфера готово идиличне хармоније поднева, плаветнило морских таласа и нежни лахор настањују се у души, али је и она деперсонализована, уздигнута на општи и уједно неодређени план. Та душа, која може бити она Емерсонова *OverSoul* или Наддуша, уједно је и песникова душа, као и душа самога сонета, односно његовог обликотворног принципа, и испуњености као текста, метафоричка замена за пехар пун вина. Сада се почетна колористичка импресија злато-срма трансформисала у злато-ћилибар, односно амбру. На овај начин песник затвара колористички лук од светлог до тамног, додавши му на крају и упечатљиву синестезијску димензију миомириса (метва-амбра--мед). Наливено злато из последњег стиха у потпуности кореспондира наслову Даниловљевог сонета *Парос, злато*. Јер „Парос" који метафоризује белину мермера, може уједно да асоцира и све оне речи у Даниловљевој поезији које означавају *чистоту / невиност*, без обзира на то да ли је, рецимо, реч о кристалу, бисерју, хлебу или млеку. Посебно у овом случају, осим што обнавља и реновира читаво наслеђе поетике декаденције и симболизма, Данилов симболички згушњава два основна значења овога сонета, али и читавог псалтира *Дубока тишина* – аполонијски принцип естетизације текста (сонета) и дионизијско начело самоодређења лирског субјекта у односу на темељне онтолошке категорије: „затрепери струнама Невина Моћ – / мост који самом себи је мост, / кога раздваја, / шта премошћује?" („Невина моћ"). Драма интериоризације света одвија се, бесповратно, у нутрини лирског субјекта као мноштва, као често неприлагођених и непознатих темпорално-психолошких фигурација чији се токови уливају једино у *тугу Писма*.

Али, туга Писма уједно подразумева и „љубав у речима". Ова метатекстуална компонента односа између речи/ствари/писма/Апсолута, најчешће се варира у текстовима који се несумњиво могу означити као песме у прози, изразито ритмизоване, у којима Данилов на један формално другачији начин варира поједине топосе свога песништва. Обиљу света одговара и обиље значења, језичких артикулација које се крећу од дискурзивног плана ка метафоричком и симболичком, сажимајући у себи сјај и одсјај, речи и њихове ауре, лице и одраз у огледалу, звук и значење, ћутање и немост, тишину и њену људску варијанту – усамљеност. У том смислу, Даниловљеве песме у прози, упркос прозној реченици, у потпуности занемарују наративност, којој се он приклања у циклусу дугих песама, и обликују метафорички опис *Denkerzaehlungen* или бајколиког предочавања мисли, идеја. Однос између неизговореног и неизреченог не разрешава се, међутим, на страни неизреченог. Јер то неизречено вазда „исијава светлост, дубоко или нигде", и тамо пребива „долазеће настајање" које се може означити као *присуство-у-доласку или долазак-у-присуству* Једног Ока, које ће песник у циклусу „Европа под снегом" упитати „чему још светост на земљи?" Јер уз текст који песник пише за себе и собом остварује додир са читаоцима, постоји неки језик који тек треба да буде објављен, истиснут из Лица Безграничног, из лица Пантокреатора коме је посвећена последња Даниловљева збирка из 1997. године. Тај језик не припада више људима, нити Шубертовој или Вермеровој топлој, тамној одаји / соби, већ непојмљивој светлости Бескраја у којој нема језика, већ чистог лебдења у коме се зачињу „стубови неког, мени непознатог храма" (*Пастрмка*).

Rosmarinus Officinalis

Увијен у улазницу за замак старог ренесансног песника, сасушен и потамнео, искиданих, оштрих иглица, смоластог мириса, чека да га пошаљем. Добићеш оно што ти припада, што ти је припадало, што ће ти припадати.

Погледај пажљиво свако слово. Не преводи рукопис. Прочитај мој језик, и ја ћу твој.

Али ми немамо језик.

... Међу пет стотина различитих медитеранских биљака, стари песник узгајао је лаванду, бели, црвени и љубичасти лијандер, рузмарин, лимун, наранџу, смокву, нар, агаву и разне врсте кактуса. У рибњаку испред перивоја мресте се циплови, испуштајући своја бледожута јајашца која у сенци тамносиве воде личе на расуте, златасте перле. *Nihil occultum est*, урезано је на северном прочељу здања. Седам за округли камени сто и окрећем главу према крају врта, тамо где се завршава опасани простор ботанике и почињу непрегледни маслињаци. Иза њих видим светли врат месне цркве и сунце које се полако спушта, творећи полукружну наранџасту ауру око брда. Смешим се.

До замка се долази широком шљунковитом стазом. Али најпре морам да прођем кроз уске улице, које се растварају у мале тргове. На њима певају окупљена деца, тражећи од пролазника да их фотографишу. И поред њих и њиховог смеха пјацете изгледају празне, испуњене чудним ваздухом. Као да у ствари на њима нема никога. Чини се да сам једини пролазник тих улица. Корацима реметим њихову тишину, завирујем у сваку капију, додирујем сваки камен, стајем на сваки праг, гледам сваку саксију на балкону. Куће су стабилних основа, иако не знам ко унутра заправо живи, не знам да ли уопште излазе или шта једу. Јер унутра је исти ваздух као и напољу. Као ваздух у празном саркофагу Јулије Капулети, у који туристи бацају новчиће, папире, пикавце и огриске од воћа. Из којег заудара на мокраћу.

На вечну сиесту.

Треба отићи из града. Препустити се времену. Тада ћу се удаљити као брод на којем је пловио Холанђанин-луталица. Постаћу склиска и брза као јегуља која струји према океану ношена топлим таласима. Која бежи од ловаца.
Која одлази.

Желим да ти пошаљем нешто што ће пловити непрекидно, као нордијска светлост која нас води. Јер желим да запишем само једну реч, док осећам како се крећеш као мали облутак ка морском дну, што се временом истањује и нестаје у амбису, без звука и без правог пада.

Само да проверим свако слово.
Само да проговорим на туђем језику.
Само да заборавим свој.
Јер ми немамо језик.
Ми имамо *Rosmarinus Officinalis*.

ФИГУРА ПРОСОПОПЕЈЕ
У АЛМАНАХУ ПЕШЧАНИХ ДИНА Д. Ј. ДАНИЛОВА

Прозни првенац Д. Ј. Данилова у критичкој рецепцији углавном није наишао на благонаклон пријем, делимично и због своје необичне, специфичне поетичке структуре која се не може једноставно свести на уобичајене и препознатљиве жанровске претпоставке какви би на пример били роман, аутобиографија или, пак, аутобиографски роман. Разумевање ове књиге као да свесно отежава и сам аутор који се поиграва различитим жанровским одредницама наслова, односно поднаслова: најпре, *Алманах пешчаних дина* упућује на изворно значење речи „алманах", које подразумева приповедање унутар једног одређеног, календарски омеђеног временског континуума, у којем је смештена ова „књига свеуспомена", како је писац означава на више места. У том контексту, ова проза би се могла тумачити као дело наглашеног аутобиографског карактера, дакле као приповедање којим се организује временски континуирано пишчево детињство/curiculum vitae, и то још из пренаталног периода, преко дечачког и младићког сазревања до садашњег тренутка рекапитулације. Оваквом одређењу иде у прилог и поднаслов књиге *Bildungsroman*, који је такође кореспондентан познатом жанровском типу развојног романа, где писац прати еротско и спознајно сазревање свога јунака. Но, реч „алманах" може да подразумева и одређену периодичну публикацију која садржи текстове истога жанра, најчешће песничке.

Ова двострука и двосмислена мотивација значења речи „алманах" има, међутим, за циљ не само да збуни читаоца већ и да га уведе у темељну структурну амбиваленцију Даниловљеве прозе. То је двојство аутобиографског и аутопоетичког начела који у *Алманаху пешчаних дина* нису међусобно супротстављени или дивергентни, већ се јављају као два облика једног поступка који представља основицу аутобиографског дискурса, а он се према Полу де Ману може окарактерисати као „сравњивање између два субјекта укључена у процес читања у којем одређују један другог кроз узајамну рефлексивну супституцију" (де Ман, 1988, 121). Амерички теоретичар, супротно конвенционалним теоријским поставкама сматра да аутобиографија није жанр или модус, него је „фигура читања или разумевања која се појављује, у одређеном степену, у свим текстовима". У том смислу, за аутобиографију је од суштинског значаја то што је њен аутор истовремено и субјекат и објекат властитог разумевања, па самим тим и списатељског чина, који де Ман види као „специфичну тежњу обнављања пред лицем смрти" (123). На који начин нам ово може користити када је у питању специфична поетика Даниловљевог *Алманаха*? Какав је однос између аутобиографског и аутопоетичког момента романа?

Ова два аспекта повезана су и обједињена управо процесом читања, односно подразумеваним читаоцем коме се наратор експлицитно обраћа више пута у књизи. Штавише, њему је додељена она улога која је већ уписана у поетичку структуру трилогије *Кућа Бахове музике*: он треба да буде претпостављени организујући принцип обједињавања различитих поетичких слојева и поетско / приповедних форми које почивају на фигури „омекшалог ја субјекта" и његовим различитим временско-просторним идентитетима. У *Алманаху* стога не само да долази до нарушавања континуитета аутобиографског казивања, већ се о томе свесно не води рачуна, па се савремени догађаји уписују у дешавања из прошлости, што може да делује наивно и немотивисано (рецимо помињање неких појединости из културе осамдесетих и деведесетих у раним седамдесетим). Но, Данилов управо описивањем свога детињства жели да скрене пажњу на ирелевантност поштовања логичке каузалности приповедања: он настоји да рекреира „обиље сазнања, сву изгубљену видовидост и хармонију космоса", односно да пробуди сећање на „дане невиности и чистоте", на детињство као метафору Аркадије у којој приповедни субјекат обухвата свет примарно, инстиктивно и непатворено, са чуђењем и озареношћу.

Због тога се нарација и спушта у преднатално доба, антиципирајући догађаје који се фиксирају око одређених тачака нараторовог идентитета, које су повезане управо њиховим сталним призивањем, односно фигуром *просопопеје*, зазивањем одсутног или умрлог, како то констатује Пол де Ман (де Ман, 1988, 124). Притом, то „разнизано" и дисперзно приповедно ја управо је она структурна окосница око које се плете прозно ткање ове флуидне књиге, а његов симболички идентитет сличан је распаду идентитета који обезличава Крлежиног Филипа Латиновића: „Идентитет једног субјекта не да се утврдити ни по лицу, ни по гримасама, ни по неким вањским појавама. Његово лице, потези те његове физиономије, кретње његова тијела, то нису више кретње ни потези његова тијела од прије једанаест година, али континуитет његова ја свеједно негде постоји дубоко, сакривено, нејасно, али стварно и интензивно" (Крлежа, 1980, 41).

Ауторско „ја", толико битно за романтичарски период 19. века деструисано је у књижевности 20. века и замењено бројним кодовима и текстуалним стратегијама, да би у последње две деценије, посебно у писању позног Ролана Барта (*Светла комора, Барт по Барту*), превладала постепена тежња да се то стваралачко „ја" изнова одреди и дефинише као „једно Ја што воли, пати и сећа се, укратко, стари, отписани грађански субјект" (Биргер, 1996, 84). Ако је јединство ауторског и приповедног субјекта нешто што је према Петеру Биргеру конститутивно за аутобиографски дискурс, у каквој је то вези са напред изреченим запажањима о стваралачком „ја" као центру текстуалне галаксије? Може ли се у случају Даниловљевог *Алманаха* говорити о двострукој позицији наративног „ја" – једног које је релативно стабилно и жели да „што прецизније" опише своју „пужеву кућицу детињства", па стога посеже за различитим типовима старијих романескних и новелистичких образаца као што су антички, пасторално-аркадски, витешки, авантуристички и реалистичко-веристички – - и другог наративног „ја" чијим се различитим фигурацијама непрестано пресеца и преобликује аутобиографско тело текста у правцу есејистичке и аутопоетичке омнибус конструкције која је, како сам писац каже, подвргнута „једној флуидној монтажи" (Данилов, 1996, 69).

Десета глава првог дела романа насловљена „По узору на паука" кључна је за разумевање поетичке структуре *Алманаха пешчаних дина* и пишчево схватање односа између аутобиографског и аутопоетичког. Они се овде појављују као два лица Истог, као Нарцис и његов одраз у огледалу. Ова схема одговарала би пређашњем пару себе као субјекта и објекта властитог разумевања, односно, њиховом напетом односу који је појачан фигуралношћу текста који отелотворује поглед *другог* „смештеног ван пролазности временског тока, који објашњава и допуњује не само историју субјекта већ и сам процес бележења" (Росић, 1994, 21). Истовремено, Нарцис и његов лик у огледалу, односно фигура *двојника* која се појављује у кључном последњем поглављу романа одговарали би исто тако и двојству аутор/читалац, што значи да Данилов тражи изузетно захтевног читаоца који може бити и ко-аутор текста, неко ко се симболички може идентификовати са ћудљивим меандрирањем његових обимних дигресија. Чини се да је пишчево ишчекивање узвратне резонанце условљено активирањем *аутентичности* субјекта и његовом спремношћу да се унутар текста обрачуна са самим собом. Послушајмо зато наратора: „Свако од нас хода по свету са својим храмом исповести, са својим јеванђељем интимности... Но, ја не могу да испричам свој живот са дистанце, као да је то живот неког другог. Хтео бих да пишем као кад се вода језера набира и мрешка на киши, тако. Да плетем по пауковом узору. Речи, то су плесни кораци према другом. Хоћу ли умети да освојим себе у другима? Тек, све написано и ненаписано ваља проживети у себи... Јер у књигама се станује као у сопственим собама. Књиге су празници, а празници су сећања из потпуности" (1996, 66–67).

Ово непрестано упућивање на *себе-у-другима* у претежном делу романа спашава Даниловљеву књигу од онога што жанр аутобографије приближава „аутогеном тренингу, служењу култу self-а, непристојном гњаважом других" (Угрешић, 1995, 11). Мотивација приповедања проистиче из ауторове потребе за проналажењем „језика детињства", што је доминантна тематска преокупација још од Кишовог романа *Башта, пепео* који је недвосмислено утицао на *Алманах*, преко прозе Боре Ћосића и Давида Албахарија, све до *мита детињства* који суштински одређује прозу Немање Митровића и Сретена Угричића. Такође је незаобилазна и Крлежина аутобиографско-есејистичка „необарокна" проза *Дјетињство у Аграму*. Међутим, „језик детињства можемо пронаћи тек враћањем у детињство језика" (68). А „детињство језика" подразумева низ метафоричких укрштаја и прелаза из дословног у фигурално, из аутобиографског у аутопоетичко, негирањем конвенционалних одредница „алманаха": „Када се прича прича, у страшном ритуалу саморазоткривања све је могуће, све је допуштено. Може се једном одсечном, бахатом монтажом скакати из једног облика зборења у други, из цигластог реда реченица у експериментализам, из скаске у есеј, из репортаже у разговор и све се то, попут каквог *puzzle*, слаже у алманах пешчаних дина" (67).

И управо је овакав наративни принцип заступљен у приповедачкој логици романа: изневеравајући изворно значење алманаха као зборника историдних текстова, Данилов нам нуди калеидоскоп „свеуспомена", у којем равноправо место заузимају документарна прича (нпр. „Време мака"), љубавна новела у стилу буколичке прозе („Светлости венчања"), реалистичка цртица („Једноставно, Васа Зеремски" и „Мађарица Ержебет"), песма у прози („Све дремежом слатким обгрљено"), збирка песама („Пастир и дипле"), есеји о музици („Чедо звано блуз", „Кућа Бахове музике"), есеји о женским фризурама („Магија косе или легенда о шломовићу"), памфлетски текст („Броз"), албум са фотографијама који садржи ауторово тумачење тих слика, народне приче („Бајка о Јеленгару"), критичко-полемички дискурс („Опис раја", „Словенски дечак, Диоскури").

Троделна композиција романа осим хронолошке кривуље која обухвата нараторов живот од 1960. до 1996. уважава и календарску смену годишњих доба. Тако први део описује пролеће, лето, јесен и наговештај зиме, док се у другом делу „Скаске о гралу" приповедају дедине „зимске приче". Оне се односе на упечатљиве портрете различитих ликова из ауторовог детињства, док трећи део „Друга времена" обухвата године најближе ауторовој садашњости и поновно оживљавање природних циклуса.

Прво поглавље „Тераса благих вести" у којем приповедни глас, слично романима Чарлса Дикенса проговара из мајчине утробе, уводи у текст некаквог, иронично речено, „свезнајућег фетуса" који располаже знањем о ономе што се већ десило, као и о ономе што ће се тек десити, дакле ретроспекцију и антиципацију, па се због тога нарација увек одвија из временски неодређене тачке, где су односи *пре и после* потпуно релативизовани. О томе нешто касније сведочи и сам наратор: „У једриличарском прелету над мојим дечаштвом, помало нехронолошки прескачем ствари. Као што уосталом и приличи самој природи сећања које је увек хаотично, непосредно, ненамештено. А сем тога, мене се и не тиче хронолошка развијеност у времену. Без сећања, без успомена, наши животи се расипају у ништавило посвемашњег заборава. Описујем, дописујем, исписујем. На све то гледам као на какав волшебни неми филм" (289). Овакав поступак асоцијативних прескока и резова омогућава наратору да у сваком моменту убрза или успори своје приповедање и попут старих, деветнаестовековних аутора да себи одушка за неки дужи, изрзито лирски опис. Такав је, рецимо, случај са поглављем *Време мака* који има поднаслов „Лутања по Аркадији или истинита прича о јужној цветној земљи", првобитно делом ауторове песничке збирке *Живи пергаменти*. Жанровски вишеполан, овај текст демонстрира ауторову екстатичну опијеност животом као синестезијским ватрометом мириса, боја и звукова. Идилична стопљеност са природом претвара евокацију детињства у *премиле слике* садашњости, а зазивање „бледог дечака најосетљивијег духовног састава" омогућава фини прелаз од једне ка другој тачци психолошког идентитета, од „имагинарног ја ка Ономе који пише" (Биргер, 1996, 81, 84) и објављује себе у „новој пракси писања". С друге стране, овде Данилов примењује сличан поступак као Данило Киш у свом роману *Башта, пепео*: после лирски узнесеног есеја о пасторалном пределу мака, наводи се документаристичка прича о његовом пореклу са обиљем културно-историјских појединости.

Другачији поступак, примењен је, рецимо, у поглављима која имају амбицију да прикажу амбијент реалне свакодневице, чланове нараторове породице (отац, мајка, бака, деда, сестра), упечатљиве животне приче ексцентричних ликова који се доимају попут оних са дагеротипа (Васа Зеремски, Мађарица Ержебет, Давил, Шломовић). Ту је нараторово приповедање увек дато из унутрашње перспективе, понекад наглашено субјективно и праћено иронично-хуморним коментарима који стварају утисак гротеске (нпр. „Вашар"), веома блиске атмосфери италијанског неореализма. Родитељски пар (отац Данило и мајка Мира) по својој психолошкој карактеризацији подсећају на родитеље Андреаса Сама (фуриозни, депресивни отац револуционар и блага мајка за коју је син едипално везан), али је овде више реч о гротескној карикатури него о брижљиво изграђеном лику Оца.

Такође је занимљиво поглавље „Киша, рузмарин, светлости венчања" које је писано под директним упливом романа *У регистратури* хрватског реалисте Анте Ковачића: ту се у приповедач понаша исто као и Ковачићев, прелазећи из „ја" форме у форму трећег лица, чиме се аутор дистанцира од свог првог љубавног искуства са Марусјом, што симболично означава губитак невиности и крај дечаштва: „Зато, збогом гондоле мог дечаштва што плутате морем без дна. Збогом Вања, збогом Марусја. Збогом зоре од свиле и скерлета. Збогом заносни свете, збогом кише. Збогом племенити и осетљиви млади читаоче" (106). И сами читалац као да се, заједно са приповедачем мења, односно готово двојнички осећа промену његовог психолошког/наративног идентитета и проток времена.

У том смислу, кључно је завршно, шездесето поглавље романа под насловом „Словенски дечак, Диоскури". Последњих десетак година пишчевог живота које обухватају његове студије, живот у Београду и одлазак у војску, као и последњих неколико година ужаса грађанског рата, одлазак на дубровачко ратиште, дезертирање, скривање од војне полиције и коначно опредељивање за писање као егзистенцијални избор практично су сабијени на последњих четрдесетак страница романа. Последње поглавље у извесном смислу рекапитулира читаву аутопоетичку путању коју сам описала као стално призивање одсутног „ја" и његово васпостављање у различитим временским тачкама. Овде се метафора *словенског дечака*, иначе једна од кључних у читавом Даниловљевом песничком опусу, која подразумева његову обузетост југом и медитеранско-византијским наслеђем, као и чежњу за северним, бореалним пределима повезује са усамљеничком фигуром античког бога Хипериона и двојничком природом Нарциса. Сусрет између одраслог писца и његовог дечачког одјека одиграва се поново у аркадском пределу његовог раног детињства, а детињи лик смеши му се из дубоког зденца у којем се огледао пре тридесетак година. На овом месту успоставља се веза између дисконтинуираних идентитета приповедача: „То лице посматрало ме је из неке пусте давнине у мени, из неког пред-света" (358). Као да то лице још увек постоји негде скривено у одраслом човеку-писцу, али преображено, преобраћено, у исти мах и присутно и одсутно, и Лице и његово Раз-обличење. Дечак каже да је умро у седмој години, те га само приповедач може наново оживети. И њему се полако са сећања скида мрена заборава, ствари васкрсавају у својој непатворености, ефекат „већ виђенога" успоставља се у свој својој лепоти и болу, време се враћа уназад, као да никада и није протекло: „Док сам слушао дечаков запенушени солилоквиј, осетих како се мистериозно приближавам себи давно знаном. Словенски дечак и ја били смо, заправо, звездани Диоскури, једно у двојству" (360).

Фигура *просопопеје* уобличава сагласност садашњег пишчевог „ја" са својом фигурацијом из прошлости – као да свако напредовање у времену значи и смрт оног претходног идентитета јаства. Али, с друге стране, словенски дечак на крају ће темељно оспорити и њихово стварно постојање: „Ја сам тек производ глупих ћуди твоје смешне уобразиље, обично привиђење, чиста измишљотина.

И ти си исто – измишљотина. Ми смо химера у којој се живот и смрт стапају, престајући да буду супротности. Колико буде постојала смрт, толико ћеш дуго живети у мени и толико ћу ја пребивати у теби, близанче мој сијамски (380). Једино што оставља траг непоновљиве егзистенције, рећи ће потом словенски дечак, биће књиге „које су оно што смо заиста били", и у којима се списатељски субјекат једино може обновити пред лицем смрти. Разговор између наратора и словенског дечака у свему заокружује пишчеве есејистичке коментаре о врлини и пороку (оданост, лицемерје, племенитост, морални дигнитет, некултура и провинцијализам, полутанство, завист), као и неке актуелне теме нашег књижевног живота и његове песничке генерације, првенствено полемички обрачун са непродуктивном и површном критиком. Ипак, наглашено лирски завршетак *Алманаха пешчаних дина* сведочи да дискурзивни елементи, било да је реч о аутобиографским или аутопоетичким, по правилу добијају свој реторички вид, оличен у темељној симболичкој амбиваленцији светлости и таме: „Умирући, одлазимо ли ми то из овог лудог света опсена, или у њега тек ступамо, чисти за велику, девичанску светлост?" (382). Имајући на уму да је опозиција светло-тамно као и гласно-немо особена и за Даниловљеву поезију, а чежња за интегралним, тоталним обухватом света његово тематско исходиште, *Алманах пешчаних дина* на приповедачки самосвојан начин уобличава основне поетичке линије ауторовог песништва, преводећи га на комплексну раван аутобиографског, односно аутопоетичког дискурса.

ПОГЛЕД СА ИВИЦЕ

Српско песништво деведесетих и обнова (нео)романтичарске осећајности

У контексту најновијих промишљања српског песништва деведесетих година, односно неколико песника чија поезија осим хронолошке подударности у погледу афирмације носи и обележја неких дубљих концепцијских сродности (Брајовић, 1997), али још више и несумњивих индивидуалних разлика, име Војислава Карановића помиње се као пример извесних, готово програмски изречених рефлексија о властитој естетици, техници и схватању супстанцијалне природе песничког чина. У његовим песничким збиркама, посебно од *Записника са буђења* (1989), преко књиге *Жива решетка* (1991) до последњег рукописа *Стрми призори* (1994), запажа се читава мрежа знакова и сигнала који су каткада експлицитно, а некада само алузивно и посредно, прерушени својим метафоричким језиком до непрепознатљивости, разасути по Карановићевим текстовима, усмеравајући наше читање ка њиховој дубинској диоптрији. И још више од тога: ако и прихватим идеју да се наслеђе симболизма јавља дијахронијски артикулисано на различите начине код појединих песничких генерација и аутора, остаје могућност истанчанијег тумачења његовог порекла. А реч је о књижевном сензибилитету и моделу који српско песништво деведесетих, како је већ истакнуто, поставља у комуникацијски однос са романтичарском поетиком, али не оном хердеровском, која је заснована на регионалној националној традицији, већ са старијом шлегеловском, која је по интенцијама била *универзалистичка* и ослоњена на ренесансно, барокно и средњовековно наслеђе романске и германске културе. Отуд се код већине песника може запазити и преакцентуација проблема надахнућа, имагинације, мистична објава поетског сазнања и самоспознаје, орфејско, пророчко визионарство, идентификација исповедног и ауторског ја, односно лирског јунака и самога песника, поезије и егзистенције, текстуалности и референцијалности, затим топоси срца, птице, двојника, огледала, брода, руже, итд.

Ипак, основно поетичко исходиште које поетско искуство деведесетих враћа романтичарима и предромантичарима јесте темељни проблем традиционалне метафизике и његов доцнији расцеп у епоси модерног нихилизма, а данас већ и постмодерне: то је однос између субјективног и објективног принципа, унутрашњег простора бивствујућег према безмерним пространствима које су немачки романтичари означавали појмом *Unendlichkeit*. Чежња и стапање са бескрајем, духовни идентитет и заједничко порекло две луче, „микрокозма" и „макрокозма" указује на чињеницу да ова пантеистичка визија укида или проблематизује унутрашњи и спољашњи простор субјекта и објекта, перцептивно-спознајне моћи појединца који на различите начине, различитим средствима и техникама (сан, халуцинација, објава, априорно пророчко знање, растројство чула под дејством појединих стимулатива, симулација лудила и лудило), ослобађа свој дух од материјалности тела, постајући невидљивим делом природе (Фихте, Шелинг). Јединка и свет повезани су нераскидивим, готово опсесивним *призивањем Целине*, ослушкивањем треперења и вибрација тог *Интегралног Космичког Поретка*. Они су поново ре-креирани у српској поезији краја века на начин који сведочи о враћању поверења у *певање, говор, изрицање смисла*, ма колико се то ново/старо сазнање још увек помаља закриљено нихилистичком сенком према могућности комуникације као такве, дакле чињеницом да у језику није садржан његов *вишак* (Е. Коцбек), већ *мањак, недосҳҳайносҳҳ*.

A Bird in the Doors

Својом другом збирком *Заҳисник са буђења*, Војислав Карановић се наметнуо као један од најинтригантнијих песника деведесетих, и то не само у генерацијским оквирима, али је исто тако сасвим извесно да овај аутор, иако директно и индиректно хваљен као најзначајнији песник тзв. млађе генерације, остварује комуникацију тек са елитним читаоцем/критичарем. Такав је у стању да изрекне нешто више о његовој поезији, осим пуког варирања општих места (теме, топоси, поетска техника, веза са неоавангардним наслеђем, развој од дисперзног ка стабилизованом значењу песничког текста, тзв. „капиларност" Карановићеве поезије, како је то сликовито рекао Михајло Пантић.). Тешкоће које се јављају у покушају да уђем и откључам поетски дискурс Војислава Карановића крију се управо у начину на који аутор артикулише своје метапоетске и ауторефлексивне исказе, провлачећи их кроз богату текстуалну мрежу, али свагда задржавајући и њихову метафоричку амбиваленцију. Дакле, *ҳрагове ауҳойоеҳичке рефлексије* у песништву В. Карановића доживљавам као интегрални део његове несвакидашње метафоричке праксе означавања, при чему се аутор непрестао излаже ризику „уобличавања значења", насупрот тенденцији да се то значење прикаже као измицање, расипање и децентрирање замишљеног средишта песме.

Овакав поетички концепт реализује се, међутим, „међу јавом и међ сном", дакле мотивише се својеврсним диктатом подсвести, односно превођењем структуре снова у поетски, односно језички текст, сасвим спонтано на трагу сукоба два света (сна и јаве, реалитета и подсвесног, неконтролисаног живота). То чини својеврсни „метафорички десант" упадом у систем једнога, односно другога вида реалности. И то тако што језичку означитељску праксу ставља директно у функцију онога који влада њеном стратегијом, онога који „облачи њено наго тело", а то је расути, меки лирски субјекат који је, међутим, увек „контекстуалан и саморефлексиван, увек свестан свог статуса као дискурса, као људске конструкције" (Хачион, 1996, 98). Због тога се може рећи да Карановић метафору доживљава не као пуко реторичко средство, већ као својеврсну *фигуру мисли/рефлексије*, која му како је то тврдио А. А. Ричардс у својој *Философији реторике* омогућава комуникацију и размену различитих контекста односно асоцирање оних делова контекста који у самом тексту недостају.

Стога је метафора изречена насловом збирке „записник са буђења" заправо сведочанство о ауторовом покушају да артикулише метафоричку *плуралност* дискурса, поигравајући се самом *могућношћу* метафоричког означавања језика. Отуд ће потенцијални, кондиционални и модални изрази и конструкције овде функционисати као незаобилазни конституенти аутопоетичког, метатекстуалног потенцијала песама. Управо уводне песме „Обасјан заспалим сунцем" и „Главобоља" проблематизују ситуацију буђења као веристичке перцепције света и сећање на живот у сну, коме одговара његова *текстуалност*. Покушај да се несвесни и предсвесни садржаји сна преведу на дискурзивни језик могући су само као претпоставка, као песников лични избор, условно метафоричко именовање доживљеног – али уз нужну дистанцу према оваквом типу означавања: „Можеш да кажеш: моја кожа је случајна / или: моја пљувачка је горка / или тек: боја моје крви је љубичаста", односно „Могао бих / Рећи нешто недолично: / Кроз таму трепери златно срце трске / Или: сијалица је зрела светлећа крушка". Таквих примера у којима се одиграва релативизовање самога процеса означавања у Карановићевој збирци је много, и они указују на његово специфично схватање језичке праксе која не почива на референцијалности или подражавању, већ на језику као „кући могућег", у којој спава песниково „ја" и буди се у самом себи" („Пут").

Овде се начас морам зауставити: циљ Карановићевог певања кореспондира својеврсном „путовању у себе", при чему није известан правац таквог путовања, јер је „измицање облик постојања" („Песма без средишта"), тематизација расутих фигурација песничког субјекта у времену и простору. То време и простор су, међутим, онај блејковски романтичарски простор Алфе и Омеге, простор духовног сусрета са Хелдерлином, у којем објава тог додира није артикулисана речју, већ „бескрајним радовањем". То се дешава у зони кретања ка унутра, које уједно може да значи и споља – од речи ка бивствујућем, од бивствујућег ка речи, односно њеном имену. Стара шекспирова молба упућена вољеном Ромеу „буди неко друго име" у *Записнику са буђења* постаје једна од метафоричких *замена* не за речи које недостају како су то веровали симболисти, неосимболисти, а с њима и наш Бранко Миљковић, већ за речи које уопште не постоје јер на њиховом месту стоји *голи, непосредни блесак евиденције, екстаза буђења*, о којој се може само накнадно сведочити или приповедати, у најбољем случају артикулисати тескоба пута (главобоља, црни облак), због спуштања у свет предјезичког, у свет без речи.

Али ипак, готово свака Карановићева песма управо преиспитује *статус речи* у односу на субјективно бивствовање. Онтолошку и теолошку заснованост Речи у Богу, Карановић у песми „Духовита" управо открива у њеним бројним историјским контекстуализацијама, односно тумачењима, што је изазвало њену инфлацију. Стога песник, сасвим у духу постмодерног поимања језика, речи види као могућност противречних и парадоксалних дискурзивних стратегија, али се они готово увек везују за субјекат као носиоца могућег смисла. Дакле, на делу имамо језик у својој перформативној активности (Бенвенист), прочишћеност поетског искуства које своју артикулацију може да оствари једино речима, у исказу да „све се ту спаја додирује /преплиће" („Тренутна"), и да се тако нешто дешава само у моменту језичке артикулације као нешто што се тим чином и самоуспоставља. Суштина оваквог поступка тематизована је и у двојезичној (енглеско-српској) песми „The Ship / Брод", која се управо због своје метафоричког, ауторефлексивног богатства може читати и као дескриптивна, љубавна или аутопоетичка песма.

Ипак, питање упућено самоме себи али и читаоцу у пропратном тексту „Разјасница" упућује на порекло Карановићеве поетике у романтичарском ирационализму и заносу: „... не настаје ли песма у неком простору *иза* речи? И: одбацујући појмове као што су: инспирација, занос, надахнуће и сл. – а са пуно ресантимана и са некаквом мрачном насладом данас управо то чинимо – нисмо ли у немогућности да именујемо овакве „чудне" случајеве? (1987, 51). Слутећи да је необјашњива тајна настанка поезије оно што измиче свакој могућности рационалног, аналитичког објашњења, у последње две песме збирке „Страшна симетрија" и „Птица" Карановић изводи неку врсту интертекстуалне игре, заправо властито уписивање значења у Блејков, односно Миљковићев поетски дискурс и метафорику. Најпре, романтичарско свепрожимање субјективног и објективног начела, микро и макро универзума Карановић преакцентује користећи Блејкову метафору *врата Ума*, исту ону која је послужила Џиму Морисону за легендарни назив своје групе The Doors. Карановићев отклон тиче се својеврсног метафоричког пуњења мотивима из „записника са буђења".

Јер врата која су ту, пред песником, а он не зна „да ли је унутра или напољу", алудирају на романтичарски, али и егзистенцијални архетип духа и тела, односно тела као „сплета тетива и мишића", што је препрека да поунутрашњена спољашњост постане оспољашњена унутрашњост – интровертираност замењена екстровертираношћу. Једина веза уснулог тела са вечношћу – мисао, рефлексија, дух – оличена је у метафори/симболу птице, која се овде развија у директном дослуху са Миљковићевим *Триптихоном за Еуридику*. Ако је Карановићева мисао „трома отежала звер језиком везана за земљу", онда је стих „склопио сам очи / птица је излетела из моје лобање: напоље" директна евокација Миљковићевог стиха „Из моје заспале главе излеће птица". Потпуна интериоризација субјекта може се одиграти само у додиру са ваздушним струјама, с оне стране говора (Карановић), односно „у слепом пределу где ме нема, у слепоочнице се своје настанити" (Миљковић). И док Миљковић покушава да пробуди Еуридику из смртног сна пишући јој песму, свестан да је нигде нема осим у њој, Карановић прелази границу „зреле тежине језика" враћајући речима првобитност доживљаја, њихову „невиност и неименованост". Зато је *птица у вратима* метафора двоструког уписивања Карановићеве персоналности – према унутра (себи, језику, традицији) и према споља (истим тим ентитетима), али преломљених кроз неумољиву оптику аyторефлексивног чина говора.

Мождана измаглица и клупко од перја

Тежња да се прекораче границе сопствених чула и учини могућим ход кроз „над-време" и „не-простор", односно да се превазиђе јаз између солипсистичке перцепције света и његовог утемељења у мистичком свепрожимању тематизује се на један још изоштренији начин у Карановићевој збирци *Жива решетка*. Ова композиционо најчвршћа песникова књига варира феномен спознајног искуства и његовог порекла (чулног, мисаоног, интуитивног) и психолошког самоодређења песничког субјекта. Карановић је на један специфичан начин изразито херметичан песник, и та се херметичност крије управо у неодређеним, нејасним алузијама на предмет певања, као и у типу његовог метафоричко-симболичког преноса. Негде у сасвим невидљивом исходишту, В. Карановић пева о најзначајнијим темама традиционалног песништва чије залеђе представља метафизички тоталитет, али се ова целовитост непрестано претпоставља привиду појавности, илузији субјективности која као таква располаже једино језиком, симболичким средством самоартикулације.

У том смислу, није случајно што се на почетку збирке *Жива решетка* налази песма „Псалам" коју аутор интонира као вид обраћања односно тужења Богу, чинећи на тај начин неку врсту жанровског преименовања традиционалне библијске тужбалице. Јер тон овог постмодерног псалма је, попут сличних текстова И. Негришорца, Д. Ј. Данилова, С. Нешића или Р. Станивука више јововски, дакле побуњенички у својој запитаности ономе који влада људским животом. Карановић, међутим, овде даје свој егзистенцијални „аутопортрет" успостављајући метафоре које ће током збирке добити статус упоришних чворишта у њеном разумевању.

Песма почиње карактеристичним стиховима: „Моја глава је зрно грожђа. / Лелујава завеса. / Сплет жилица. / Коштице стиснуте у танку опну". Ови стихови захтевају пажљиву анализу: сликом да је песникова глава „зрно грожђа" лирски субјекат алудира на привидну *затвореност* људског тела, на његову просторну и временску ограниченост. Ипак, следећа метафора „лелујава завеса" наводи на супротну помисао да је глава, схваћена као леонардовска *Mapa Mundi* заправо прозирна завеса, застор, који скрива онога који живи са оним који пише („Откриће"). Њена пропусност омогућава лирском субјекту релативизовање феномена унутарње и спољње перспективе, о чему сведочи и сам Карановић: „Дубоко сумњам / Да реч *најољу* значи / Оно што ми мислимо / Да значи. Не кажем да је свет / Закључан у људској лобањи ; / Али нисам сигуран да је граница / Тамо где смо је ми / Замислили. И повукли". Управо ови директно саопштени аутопоетички искази из песме „Салто мортале" омогућавају нам да се бар приближимо насловној, целановској метафори „жива решетка".

У песми „Избор", иначе састављеној од низа потенцијалних, условних метафоричких исказа којима се, напротив, не релативизује песникова егзистенција, већ управо потврђује као непоновљиво и једино могућа, аутор каже: „Но, избор је / Попут истренираног птичара / И моју крв нањушио. Постао сам жива решетка. / Са пернатим клупком / Иза себе". Пошто није могло бити другачије (одјеци метафизичког фатума), песнички субјекат постао је „жива решетка" са „пернатим клупком иза себе". Жива решетка асоцира на структуру молекула, дакле на заједничку материјалну основу свега постојећег, али она уједно упућује и на метафору живота као тамнице (Дис), који управо својом неумољивом материјалношћу онемогућава стапање мисли (духа) са Универзумом, враћање у то првобитно стање „неименованог". О томе сведочи и пернато клупко – оно свакако може бити у вези са неодређеним митолошким контекстом у којем се препознаје лице песника, као простора „слика реалности". Покушај да се изађе из лавиринта привида и пропламсаја суштине изражено је синегдохом „пернато клупко" које призива ону птицу (духовни ентитет) из претходне збирке. Од те птице, остало је, међутим, само пернато клупко, које песника гуши изазивајући у њему својеврсну „мождану измаглицу", или емитовање некаквих емоционалних импулса, неосвешћено реаговање које се збива у тајној хемији негде иза Паскалових „бескрајних простора", где песник може бити хлорофилна супстанца листа који је, на пример, миловао Лаза Костић („Писмо Лази Костићу").

Па ипак, Карановић ће посумњати у ту „Велику Ћутњу", у тај миљковићевски „простор језиком трајања препричан / и претворен у вечност која ником не треба" („Сонет"). Он је спреман да поверује да се у простору иза не налази отровно воће, већ права гозба, зделе пуне грожђа, а да је планета попут људског мозга стиснута у једној бобици, чиме се интензивира тај готово клаустрофобични солипсизам. Ипак, „непрозиран и горак сок из моје главе" коју Бог стиска између палца и кажипрста, између неба и земље, такође асоцира на Миљковићеве стихове из прве песме *Триптихона за Еуридику*: „О, испод коже млаз крви моје чезне / ноћ с оне стране месеца, ноћ вишања". Црвене птице које певају у месу и црне птице које облећу око песникове главе (Миљковић) стварају ту мождану измаглицу, лелујаву завесу која омогућава да „једни друге само разгледамо". Јер, ако је песниково лице само отисак у воску и кречу, онда се оно може избрисати, састругати, а буктиња крви тела свући као тканина „чије се нити брзо парају". И у некој мрачној комори (Карановић ће рећи кутији) остаће сачувано срце са својим дамарима – али не као симбол романтичарског повратка Прасветлу и Првобитној Енергији надахнућа (Прешерн), већ као празни загрљај „у коме нема никога", па чак ни сећања. У коме тишина постаје бела пена, прозирна мождана ноћ.

Верти́го

Већ и сама метафоричка синтагма последње Карановићеве збирке *Стрми призори* асоцира на доследно обликовање *искошеног погледа* којим се релативизује проблематични простор иманенције и трансцеденције, односно могућност да се из стриктно унутрашње песникове позиције наслути тај расцеп или интуитивни сраз. Епитет „стрми" сугерише тај отклон, деформацију, необичавање опсервације, извесног статичног, пасивног бележења „утисака са ивице" који су овде изражени лапидарним, готово гномским језиком једног спознајно довршеног процеса. Оно што се у овој збирци посебно радикализује јесте поетско и егзистенцијално искуство *ивице, руба, границе*, дакле мотива који сугерише метафоричко постојање различитих светова чије разграничење аутор стално доводи у питање. Притом, песников долазак на *ивицу* доима се као нека врста радосног ходочашћа „детета које се чуди", заслепљеног бојама света за који он ипак признаје: „Светлост ме увек изненади. / Врхови мојих прстију су се расцветали. / Благо зањихан / Свет изван мене постоји" („Додир"). Али баш у овој песми може се пратити тај Карановићев поступак поунутрашњења перцептивног искуства које прошавши кроз „облак мождане измаглице" формира своју промењену, дисторзичну и често фантастичну *менталну слику/поглед* који се слама у самом језику: „Призор траје до ивице мог погледа, / Потом се обрушава". Обрушава се, дакле, у текстуални отисак свести који је више од тога – – његов једини могући и зато свагда трајни и непромењени облик постојања.

Стога песник у *Стрмим призорима* заправо испитује и саме призоре (оно што је у претходној збирци назвао „слике реалности", али и њихову *стрмину, косину*, односно њихов *јад, обрушавање* због немогућности *чистог погледа* на ствари. Али Карановића ствари баш интересују у заљуљаном ритму њиховога пада, у трену искакања из зглоба равнотеже, у стању *вртића*. Јер тада се губи граница између просторно и временски удаљених тачака, па се граница *непремостивог* илузионистички доживљава као блиска, на дохват руке, а снага њеног привлачења уклања трагичне последице пада: ... „човек постоји на ивици / Провалије / И да не може да одступи: / Јер се амбис и иза њега налази" („Дис"). Истовремено, границе померања од спољњег ка унутарњем простору, од трансцеденције ка иманенцији могу се одвијати бесконачно много и бескрајно дуго, док се не дође до ивице која обележава престанак говора: „Можда сам ту границу, између / Ћутања и говора, ја / Преозбиљно схватао" („Граница").

И ироничном игром случаја, песник је постао искључиви *власник речи* који их истовремено ишту и презире. Јер ако су „речи као дим", дакле пролазна, случајна звуковна поклапања са „сликом менталног пејзажа", онда су Карановићеве песме „фотографије стрмих призора" изведених *субјективном креацијом* језика, а не његовом репродукцијом и простим подражавањем. Аутопоетички проблем који аутор овде артикулише јесте исти онај који се појављује и у *Записнику са буђења* – немогућност превођења обиља света у ограничени телесни облик људске јединке која се језиком служи да би себе артикулисала у свету и постала делом њега. Болна празнина коју осећамо потиче од немогућности *тоталне перцепције, тоталног загрљаја са светом*, па се морамо задовољити само гледањем доле у провалију, у амбис, упркос чудној ошамућености од које „настаје поезија". А када изненада зажмуримо, можда ћемо одлетети лаки и бестелесни некуда *доле – или горе, свеједно*. Близу, никада ближи себи.

ДИСКУРС МЕЛАНХОЛИЈЕ

Из перспективе средине осме деценије, словеначки песник и есејиста Алеш Дебељак (1961) међу првима је на бившем југословенском простору довео у питање исходиште неоавангардне и критичко-веристичке поетике, која за разлику од већине српских и хрватских песника тога доба није никада значајније утицала на његову поезију. Занимљиво је напоменути да је овај аутор у неколицини својих збирки успоставио специфичан *дискурс меланхолије*, делимично и под снажним упливом песништва Ивана В. Лалића и његове књиге *Страсна мера*, што укида свако метатекстуално надмудривање и језички мазохизам и постепено проширује фокус лирског „ја", лирског субјекта без којег лирика тешко и може опстати. Као тангенцијална нит овог размекшалог лирског субјекта кроз Дебељакове збирке просијава једна посебна *феноменологија сећања* која представља много више од обичног тематског комплекса. Она контекстуализује основне смернице Дебељакове поетике и има лајтмотивску прустовску функцију призивања изгубљеног времена и даха ствари, повратак хофмансталовском „добу невиности" и невидљивом складу између рилкеовске есенције и егзистенције. Песников лирски субјекат, међутим, особито у збиркама *Имена смрти* и *Речник тишине* испитује гранична, маларнеовско-бекетовска искуства *ћутања* као вида очувања *лепоте, али и трагике неизрецивог*. Упркос просторној и временској дисперзији, он увек врши извесну селекцију и накнадно тумачење фрагмената сећања, спајајући поједине светле, епифанијске тренутке у носталгично текстуално вишегласје које није повезано само са спознајним раскорацима самога песника, већ и са осећањима Другог, оног вечито присутног мушкоженског лика његове поезије, т. ј. са подразумеваним читаоцем/читатељком.

У формалном смислу, Дебељак је, слично Томажу Шаламуну трансформисао извесне традиционалне песничке обрасце и на тај начин их ослободио формалне и ритмичке строгости: реч је пре свега о разломљеном сонету/сонетоиду, или прекомпонованом катрену и терцини чији се стих својом дужином готово приближава хексаметру и прозном исказу са опкорачењем, а у збирци *Тренуци страха* (1990) аутор уводи и песму у прози са јаким симболичким учинком. Сличне тенденције могу се запазити код једног броја млађих српских песника о којима ће овде бити реч.

Један од аутентичних лирских гласова деведесетих свакако је новосадски песник ОТО ХОРВАТ који је до сада објавио четири збирке песама. Прве три, *Где нестаје шума* (1987), *Горки листови* (1990) и *Згрушавање* (1990) чине у извесном смислу трилогију која почива на некој врсти *свакодневне исповести* у којој лирски субјекат, често користећи дескриптивно-наративни поступак освешћује исходишта властите неурозе и неурозе свакодневице. Метафоричка имагинација није одлика Хорватовог песничког поступка, већ се песма конструише око принципа *travelling* поетике, али према унутра, према извориишту меланхоличног сазнања који аутор увек сенчи иронијском сетом. Хорватова поезија сугерише атмосферу усамљености и младалачке нестабилности, и можда би њен прозни пандан могле бити поједине приче Н. Митровића, поготово оне где се тематизује детињство, породица, еротске фрустрације, али овде се, осим изузетно, не посеже за фантастичким дискурсом и онеобичавањем снова, већ се инсистира на персоналном искуству које свагда претходи поезији. У том смислу, Хорват не придаје поезији сакралну димензију, већ је доживљава више као приватну, личну страст бележења, после којег све ипак остаје „нечитљиво".

У том смислу, циклус „Песме о сломљености" ефектно ислуструје песникову мисао: „срасли смо меланхолија и ја у суноврат". Он се може тумачити и као циклус одрастања и сазревања некога ко „тешко устаје из кревета", да би са себе збацио своју одећу од лишћа. Преклапање простора Натуре и Културе у Хорватовој поезији везује се управо за двојност лирског субјекта и његову подељену позицију између идиличног, романтичног шумског света и света „горких листова", досаде и апатије која прожима урбано живљење. Симболички свет меланхолије у поезији Ота Хорвата просијава у сведеним призорима којима аутор много више проживљава питања него што на њих даје одговоре, како то сугерише Рилке у својим *Писмима младом песнику*. И тада се меланхолнична сета увек јавља као подсећање да сваки корак симболизује напор савлађивања насиља, тежњу да лирски субјекат што прецизније ослушне своје дисање. Да би поезија била савршена и онда када се ћути („Ја као стар писац").

Специфично *умножавање тишине* запажа се у поезији НЕНАДА ШАПОЊЕ (збирке *Ђоконда*, 1990, *Одрази варке*, 1993, *Очевидност*, 1996) и САШЕ ЈЕЛЕНКОВИЋА (*Непријатна геометрија*, 1992, *Оно што остаје*, 1993. и *Херувимске тајне*, 1994). Шапоња своје текстове доледно означава термином „поема", при чему је реч о песми већег обима (чак до 400 стихова), превасходно мисаоне/филозофске тематике. Јеленковић се, попут Дебељака, определио за сонетоид, односно палимпсестни фрагмент на граници прозног исказа. И код једног и другог песника могу се препознати и елементи неких других врста, на пример елегије рилкеовског типа, чему је подређен и предмет певања у сталном измицању и ишчезавању: однос есенције и егзистенције, појавног (очевидног) и суштинског, бића и бивствујућег, имати и дати. Тако се класични филозофски проблеми опевани још у немачком романтизму (пре свега Хелдерлин и Новалис) овде појављују кроз призму *персоналне философије писања*, при чему ерос откривања није једнак еросу његове артикулације, већ управо обрнуто: речи не продукују никакво позитивно искуство (спознају, упориште мишљења), већ вазда опомињу на траг неизреченог а болног, проживљеног у својој трансценденталној празнини.

У поеми *Очевидност* Ненада Шапоње драма језичке артикулације одвија се на плану потпуне интериоризације појавног, да би се и оно очевидно спознало не апстрактним путем, већ унутрашњим озарењем, интуитивним двоговором са неименованим. Овај неименовани лик појављује и се и код Саше Јеленковића („Расути"), а може бити Творац света, али и Творац текста који настаје ту пред нама („чекајући да се осуше странице, / и разливено мастило добије твој лик").

Тај текст настаје ту, пре песником, али и пред нама читаоцима, обзнањујући своју херувимску, неухватљиву и несазнатљиву природу .

У Шапоњином писму приметно је двојство *погледа*, односно дуализам језичке конкретизације тог лелујавог привида дијалошке форме. С једне стране, песник тежи некој врсти аксиоматских исказа, дискурзивних формулација које имају статус интерпретативних чворишта и плод су заокружене спознаје, апостериорно забележене, хладне и деперсонализоване. Ту је лирски субјекат само записивач, сведок и хроничар онога што се одиграло у „заносу ишчекивања очигледног". С друге стране, присутна тенденција ка метафоризацији текста често доводи до стилског судара те две свести: рационалне/аналитичке и интуитивне која сажима и синтетизује језик, уздижући га у простор надреалног. У томе треба тражити и хотимичне недостатке ове поеме, понајвише у сфери њене језичке недорађености, па и повремене претенциозности.

Јеленковићев лирски глас сугерише чежњу да се речи *изговоре*, осете у својој заборављеној пуноћи, и то тако да не буду само конвенционална грађа за језички систем који управља нама, нити римаријум који фалсификује богатство света, већ пре свега *parolle*, реч изговорена/написана са пуном свешћу о варљивости, али уједно и непоновљивости, пре свега. „Меланхолија вечна као песак" сагласна је песниковој рани „која се разлистава као књига", а *пуноћа ствари* које неме трају у времену опомињу песника да поновно враћање њима (изванредна песма „Оно што остаје") уједно значи и спознају нечег новог, никада претходно доживљеног. Јеленковић тежи потонућу и одласку, не желећи, попут Дебељака, да буде последњи *хроничар сећања*. Његова позиција могла би се означити одметничком, склона наглим променама: најамничка, луталачка. Као да се песниково ишчезавање паралелно одвија са борбом да се остане *присутан и жив, и рањив*. Јеленковић као и романтичари чезне за нестајањем/смрћу као вечитим уточиштем, а „каталог праха" сведочиће о бившем свету, после апокалипсе. Ипак ће и он своју најсугестивнију збирку *Оно што остаје* завршити тајанственим стиховима: „Неће бити суза, јецаја, грча: ко заспи, / усниће степениште. Мени остају речи, речи, речи" („Утваре"). Зар се и овде не успоставља тракловска фигура лутања по степеништима и лавиринтима, што чини срж свега онога што ишчезава. А истовремено остаје отиснуто у гласовном склопу речи, на песнику „досуђеном језику".

Формално разуђенија је поезија САШЕ РАДОЈЧИЋА (*Камерна музика*, 1991. и *Америка и друге песме*, 1994), иако је у битним поетичким исходиштима сродна претходним песницима, посебно Јеленковићу. Радојчићева најбоља збирка *Камерна музика* почиње песмом „Сећање на ствари" у којој се успоставља нешто другачији однос између лирског субјекта/свести и различитих облика постојања ствари. За овога песника може се рећи да разгрће временске наслаге које су човека одвојиле од првобитне стопљености са *есенцијом ствари*, не само у погледу сталне замене њиховог имена, већ пре свега у погледу властитих промена и изменљивости. Писана са луцидном свешћу да је човек онај који се сећа и заборавља, и чији егзистенцијални избор зависи од низа историјских, културолошких, религијских, социјалних и цивилизацијских ситуација, Радојчић спознаје да читав живот трагамо за тим непатвореним мирисом ствари и „краљевским бојама одора". Али, ми смо ти који се враћамо натраг, чак и онда када то тако не изгледа „јер ми смо оно изгубљено / и наш ће бити повратак". Ствари су неме јер се човек повукао у свом страху и потиштености у свет „камерне музике", где више нема великих прича и митова, већ само фрагменти сведочења о промењеним улогама човека у постмодерној цивилизацији. Без епског замаха, без херојских чинова, без судбинских љубави. Али и то се није догодило у знаку апокалипсе, нити песник очекује неку патетичну обнову сједињавања са митском магмом. Напротив, све је фина, тиха и неприметна имплозија, која се дешава у језику преуређујући и његове метафоричко-дискурзивне релације, али и нашу способност перцепције („Ја сам турбина"). Због тога ће Радојчић у ишчекивању *непознатог доласка и слушње нечијег присуства* записати: „негдашњи облик ствари изгубио сам / бирајући овај. тренутак промене је остао скривен, дубоко. ослонци које проналазим само су утехе, / изговорене, потом заборављене: / поподнева нису гора од јутра" („Ово време !"). Чак и када, као у збирци *Америка и друге песме* уводи критичко-полемичку и иронијско-саркастичну интонацију, спуштајући се попут Ота Хорвата повремено и на ниво баналности, Радојчић свагда неутрализује сакралност песничког чина и поезије као епифанијског заноса. Његови текстови, слично Јовану Христићу, привидно колоквијалну и митско-дескриптивну ситуацију желе што прецизније да предоче читаоцу, јер аутор сматра да „разумевање и мишљење, укључујући чак и оне ретке и неухватљиве одблеске интуиције, у целини је дискурзивног карактера („Маргиналије"). Свет као амбијент живота може се симболички обухватити речима, баш због тога што су речи оруђе људске спознаје, његове неугасиве жудње за очувањем памћења, али и знаци прекрасног заборава. Или меланхолије?

Прва песничка збирка МИЛАНА ОРЛИЋА *Из поларне ноћи* (1995) почиње прологом „Поларна ноћ, дивина", заправо формалним дублетом завршног фрагмента ауторовог претходног „причоромана" *Момо у поларној ноћи* (1992). Доследна антимиметичка поетика и креација текста као конструктивне илузије довела је аутора до тачке у којој свесно поигравање са ликовима/идејама отвара простор и за успостављање другачијих жанровских правила игре. У том смислу, Орлићева збирка може се читати као поезија коју пише његов јунак Момо – лутан тужног лика, дакле као артефакт на куб. Истовремено, она се доживљава и као продужени, персонализовани говор ауторске фигуре која своје жанр слике, пастеле, акавреле и црно-беле фотографије ставља у светли, бореални рам. У њему се растапају и растварају тамни, синтаксички паспарту убрзане, некада превише исецкане интрпункције, статичне синтагме и динамични именичко-глаголски загрљаји, елиптична нарација и сфумато опис, стишани инфинитиви и ритмични синестезијски контрасти у којима се, асиметричним римама интуитивно продубљује простор слике. Она је оивичена мраком подлоге и бљеском поларног рама чиме се успоставља и дијалог са српском песничком традицијом, пре свега са Бранком, Стеријом, Ђурчином, Црњанским, Винавером, Манојловићем.

Управо ово онеобичавање „тема сујете" познатих из наше и европске поезије чини Орлићеву збирку отвореном за уочавање различитих, каткада и противречних наслага. Тако се изворно лирски, мелодијски штимунг песама по правилу сенчи иронијско-пародијском техником, на моменте и сатиричним избором стилема. Лирски јунак уроњен у сплин и меланхолију свесно се алтернира гротескном лику лутка, кловна или се афирмише патетични, анархични и бунтовнички крик који изнутра разара фарисејство наше политичке, националне и социјално-културне свакодневице.

Стога су емоционални регистри десетак Орлићевих минијатурних циклуса у основи или химнични или елегични, али по правилу окрзнути ауторском рефлексијом, свагда самоироничном и свешћу о стварима које нас вечно испуњавају тугом. Стварима које бивствују између погледа људи што лутају месечарски у поларним ноћима спознајући тек тада да им је усамљеност заједничка и да их из те тескобе једино може пробудити жеља за чудом, за сталним, ризичним обликовањем нових правила игре у којој су и они сами, од памтивека, уписани. И тек тада, ништа их више не може зачудити. Од почетка су исто удаљени као и од краја.

Поетика ЗОРАНА БОГНАРА (*Нови потоп*, изабране песме 1984–1994) показује како се њена изворна, по ауторовим властитим речима „неоекспресионистичка" лиричност ослобађала од наслага тзв. ангажованости неоавангардне, поп и веристичке поезије тежећи свом митском таоистичком језгру. Пратећи тај пут болних и узалудних метаморфоза, Богнар исписује својеврсни дневник (ре)инкарнације. Отуд ће сећање бивших облика бити нежно уписано у сваку наредну карму, док ће будући живот вазда остати слућен у текстовима некадашњих сведочења. Узбуна спознаје на тај начин сагласна је трајној мучнини коју изазива присуство смрти – као колективне, националне судбине, или незамењивог и непоновљивог лепог лица Une Dame sans Merci, као опомена и опроштај – самоме себи, другима, Непознатом Неком који је парадокс сам по себи, јер је творац људске несавршености и таштине, и вечите чежње да се ослободи тела које је „само прљава, загушљива ћелија са смрдљивим инвентаром / и дебелим решеткама на прозорима. Процес трудноће је процес суђења, / а рођење није / ништа друго него коначни циљ пресуде. / Судбина је у мисији Ироније" („Смртна казна").

Циклуси *На путу пепела* и *Фотографије гласова* засновани су на „светом фрагменту" који у ауторовој интерпретацији постаје растегљиви дискурс што измиче прецизном одређењу и претвара се у одломак фантастичне приче/писма, прозни еквивалент каталошке поезије, оживљавајући успавану, еротичну интонацију Матићеве *Багдале*, спонтано препознајући ритам српске неосимболистичке поезије („Сутон"). Богнарова исходишна тема спознаје у овим последњим циклусима храбро се преобраћа у тему самоспознаје, што уједно уводи модернистичко наслеђе, спутавајући авангардни грч стишаним, пригушеним, непатетичним али емотивним говором о мучнини људске егзистенције. Отуда је утицај Д. Ј. Данилова код овога песника сведен на ехо који најпре можемо препознати у искорачењима стилске артикулације (генитивне метафоре), али без његове нарцистичкохимничне ауре. Јер фотографија Апсолута или глас Бога једини имају вредност неопипљивог. Далеко од истине, далеко од лажи.

Друга збирка НЕНАДА МИЛОШЕВИЋА *Умањења* (1996) налази се негде између успореног ритма меланхолничне атмосфере поезије Милоша Комадине и преиспитивања свакодневног искуства (посебно из перспективе мушко/женских односа, сазревања и старења) Ота Хорвата. Милошевићев поетски модел успешно балансира између готово прозне нарације стиховног говора и аутентичне песме у прози (нпр. „Пругом до путева у септембру" и „Агнеш Хелер"), дискретно сугеришући мисао да живот управља поезијом, а не обрнуто. Због тога овај аутор, попут Хорвата и Радојчића не инсистира на патетичним темама и обнови лирске интегралности, већ на једва видљивим, али извесним померањима и умањењима лепоте – оне која нам је једном заувек дата животом, али је ми, управо због властите растрзаности, непрестано губимо. Најбоље песме ове збирке ипак нису оне у којима аутор покушава да лирски опредмети ову мисао, већ оне у којима једноставно, а уверљиво проговара о *осипању љубави*, или о *страху од ње*, што је веома ретко у српској поезији, поготово што долази из тзв. мушке перспективе („Пре жилета", „Камена ружа", „Писмо", „Добитак").

У трећој збирци ГОЈКА БОЖОВИЋА *Песме о стварима* (1996) за разлику од „коментара општег искуства" (М. Пантић) фокусирано је лично, персонално егзистенцијално, стваралачко, читалачко искуство сведока историје кроз продубљивање и развијање лирског „ја" субјекта. У можда најбољем циклусу збирке *Имена ствари* испитује се веза између речи и дела, речи и њиховог имена, учествовања и сведочења. Божовићев лирски субјекат тумачи историју не само уз бројне интертекстуалне цитате којима се иронизује или појачава основно значење, већ као процес погрешног именовања, изворног неспоразума у комуникацији, да би се сачувала чистота и аутентичност лирског „ја". У циклусу *Каталог* свет се поима као стално нарушавање равнотеже између видљивог и невидљивог, говора и ћутања, да би га песник свео на неколико ствари/речи које су суштинског значаја: љубав, време, читање, писање, смрт.

Завршни циклус *Светска књижевност* поентира Божовићеву темељну преокупацију још од првога циклуса, а то је процес *разумевања* песничког текста и његовог настајања, поступак филтрирања властитог песничког гласа и борба за песничку индивидуалност (По, Хелдерлин, Новалис,

Бодлер, Кафка), уносећи у њега и своје тумачење, дакле, металитерарну компоненту. Због тога у завршној песми „Крај века", која је попут „Машине за писање" нека врста постмодерне љубавне песме, аутор контрастира два ритма, два времена (с почетка и краја века) који сведоче о промењеном егзистенцијалном, а самим тим и језичком искуству „старих" и „нових" песника. Меланхолија је зато једнака промени и пролазности.

ОПАСНА ЗОНА ЈЕЗИКА

Ново читање апокрифа

Већ својом првом песничком збирком *Талог* (1983) новосадски песник Зоран Ђерић изборио је запажено место унутар генерације која почиње да се афирмише осамдесетих година. Ђерић је један од ређих српских песника који се не задовољава пуким варирањем једнога, у основи истога поетичког концепта, већ напротив, сваком својом збирком (*Зглоб,* 1985 и *Унутрашња обележја,* 1990) настоји да развије, обогати, трансформише или чак негира одлике свог поетског система. У том смислу, за Ђерићево схватање поетског чина могло би се устврдити оно што је написао један познати песник југословенске авангарде, покушавајући да одреди и суштину свога песништва. Она би се огледала у сасвим специфичном споју интуитивног, емоционалног доживљаја реалитета и њеног фантастичног, експерименталног преобликовања у језички медиј.

Ако је удео експерименталног и метапоетског био тек маркиран у претходним песниковим збиркама, књига *Сестра* (1992) у потпуности напушта традиционална жанровска обележја поезије и нуди читаоцу *књигу-пројекат,* зборник текстова синкретичког, аудитивно-визуелно-дискурзивног типа. Сам аутор негде у завршном делу *Есеја о сестри* наговештава кључ или шифру за једно могуће декодирање ове *књиге о инцесту.* Он, наиме, открива своја тематска исходишта и инспирацију – „претерану осећајну везаност брата за сестру, односно сестре за брата". Пружајући бројне примере из митологије старих народа, историје и уметности, Ђерић се свесно задржава на оним судбинама и писцима који су релевантни за поједине књижевне текстове, пре свега код Бајрона, Тракла, Кафке и Фокнера, или наших народних певача, затим код Змаја, Дучића, М. Булатовића, М. Ковача, Д. Драгојевића и других.

Определивши за најмекшу варијанту инцеста, а то је поменута веза између брата и сестре, аутор наводи да у ранијим цивилизацијама овај „родоскрвни грех" није био ни друштвено ни психолошки санкционисан, чак је у политичком и династичком смислу био и оправдан. Зоран Ђерић свесно користи овај топос прекорачења табуа, а то му даје могућност да провокативно проговори о неким суштинским егзистенцијалним поривима/тајнама, најпре о љубави и чежњи, о страсти и греху, о тројству духа, душе и тела и немоћи да се постигне њихово хармонично јединство. Речју, да се на нови начин артикулише лирски говор, чија се жестина слама тек у форми синкретичког дискурса, у некој врсти прожимања емпиријског и метатекстуалног, рационалног и визионарског, кроз сталну замену ликова, гласова и полова, уз присутну свест да је примарни осећај варка, а иронична, игрива замена једини начин његовог испољавања и постојања.

Стога је у основи овог Ђерићевог колажног експеримента намера да се ово осећање, са свим значењским импликацијама представи у мимикријској, интертекстуалној форми, следећи логику уживљавања у карактеристичне историјске стилове и дискурсе. У другом и трећем поглављу збирке под називом *Три сестре и Три брата* песник успешно демонстрира овакав поступак, користећи конвенције појединих жанрова: песму у прози и есеј, летристичку и визуелну поезију, ренесансне сталне облике, драмску једночинку и документарну причу, итд. „Сестра Георга Тракла" оживљава халуцинантну атмосферу поезије великог немачког експресионисте, близину душевног лудила и „поетику месечара" засновану на сновиђењу. „Сестра Маргарета" појављује се као одблесак песничке подсвести, као утеха и опомена, нестварна и материјална у исти мах. Лексички и имагинативно несумњиво најбољи дсо Ђерићеве књиге, овај текст својим драстичним и гротескним метафорама упућује на основну егзистенцијалну ситуацију подвојеног, демонизованог песничког субјекта: „Немо им тело не диктира удес, додир снова и меса нека је што даљи". „Сестра Чезара Борџије" подражава галантни тон петраркистичке поезије, потенцирајући чулност у стихованом разговору двоје љубавника, док је дијалог између лорда Бајрона и његове сестре Аугусте дат у форми романтичарске драмске једночинке, са наглашеном лиризацијом амбијента у духу романтичарске сценографије и реторике (ветар, олуја, грмљавина, шкрипа врата, тајанствени шумови и звуци). Док је у првом тексту песнику стало да изнутра осветли Траклов дијаболични лик, у другом да стилизује љубав у оковима телесне омаме, у трећем фрагменту Ђерић дочарава осећање сестринске чедности и њено заветовање култу *брата*, романтичарског генија.

Делови циклуса *Три брата* названи су „Грк, Рус и Чех" и у њима се још више продубљује полазни топос везаности брата за сестру. У сва три случаја, са изузетком Бакуњина, тематизује се братска чежња за сестром као универзални порив за узајамним сједињавањем мушког и женског пола, експресионистичких принципа снаге и нежности, ритма и мелодије. Препознавање у оном другом услов је постојања оба пола: „... Да бих те што пре нашао, / додирнуо / пре ишчезнућа. Јер ја не осећам своје / тело без близине твога. Јер ја не / препознајем своју песму / ако у њој не чујем и твој глас". Несумњиво присуство овога топоса у различитим цивилизацијским окружењима (такође и у српској усменој поезији) омогућио је Зорану Ђерићу нову песничку транскрипцију његове апокрифне суштине, што сведочи о дубокој симболичкој укорењености инцеста како у колективној, тако и у индивидуалној свести и памћењу.

Књига бројева

Када се 1989. године појавила прва књига Дубравке Ђурић *Природа месеца, природа жене* која се за наше прилике одликовала изразито зрелом и формираном аутопоетичком свешћу и доследно спроведеним лудистичко-концептуалним експериментом, било је занимљиво прогнозирати каква ће бити наредна збирка ове занимљиве песникиње, критичарке, преводиоца и чланице бивше „Заједнице за истраживање простора". Онда је те исте године уследила још једна у ауторкином издању (*Облици и обале, облаци и облици*) која је значила квалитативни пад у односу на претходну, али је интимистичко искуство у хаику форми указивало на нека доминантна својства поезије Дубравке Ђурић која се могу препознати и вредновати у њеној можда најзначајнијој збирци *Књига бројева* (1994), да би последњом *Клопке* (1995) ауторка затворила круг својих језичко-ритмичко-мелодијских истраживања нехотично обнављајући неке традиционалне песничке обрасце (пре свега риму).

Тип поезије коју пише Дубравка Ђурић – а она је и сама анализује у бројним теоријским и аутопоетичким текстовима – захтева вишеструко образованог читаоца/критичара, не само даровитог и сензибилног, већ истински обученог да растумачи сложене механизме њене поетике. Она своје извориште има пре свега у америчкој језичкој поезији, али исто тако и у семиотици, деконструкцији, формалној логици, феминизму, психоанализи и особито у интермедијалним и концептуалним формама уметничког мишљења и практичне реализације песничких текстова, што је управо дошло до изражаја у рукопису *Клойке*. С друге стране, њени програмски текстови, у којима она расветљава своју поезију у складу са преузетим теоријским ставовима не пружају онај неопходни интерпретативни кључ, већ само назначују смернице за њено разумевање. Иначе би таквој поезији нужно претила опасност од транспарентности, а ауторкине експликације би се свеле на извесна општа места и конвенционалне фразе тзв. постмодерне теорије, док би напор критичког читања личио на упутство за употребу текста.

Књига бројева је збирка поетско-прозних фрагмената у којој се запажа разноврсност песникињиног истраживања отворене поетске форме и свих оних унутрашњих и спољњих чинилаца који омогућавају специфично *ойкриће у језику*. У поговору своје збирке под насловом *Сйрукйура и моћ*, Д. Ђурић каже да се интенционално кретала ка језичкој површини, трудећи се да неутралише дубину... „Крећући се ка површини језика, постулирам став да сви аспекти језика имају исту вредност, знак је једнак знаку". Овај одломак најпотпуније изражава поетичку позадину Ђурићкине збирке. Јер, неретко се може чути да је њена поезија сувише формализована и због тога сиромашна значењем. Због чега се намеће тај утисак? Није ли то зато што се под значењем подразумева нешто што је накнадно придодато језику, што је његов одраз и сенка, а не услов његовог опстанка?

За Дубравку Ђурић значење представља продукт механизма деловања језичких закономерности, али у њиховој креативној употреби, почев од фонетских, преко фонолошких, акценатских, морфолошких, до лексичких и синтаксичких. Или другачије речено, значење је сама бит језика схваћеног као „процесуални чин". Због тога многе њене песме подсећају на неку врсту логичких силогизама, у којима од истинитости исказа зависи какав ће бити закључак. Преведено на језик реторике, ауторка користи различите стилске фигуре (контраст, градацију, поређење, метафору, метонимију), да би испитала могућност варирања језичких синтагми и синтаксичких целина, док се на парадигматском плану читања могу појавити разнородна, непредвидљива, међусобно мање или више „зарађена значења".

У *Књизи бројева* Ђурићка је посегла за неком врстом архетипских и универзалних упоришта, што јој обезбеђује извесно тематско, али не и жанровско јединство. То су бројеви – те идеалне фигуре – знакови, преко којих песникиња посредује двоструку оптику својих текстова, ону дубинску перспективу која се помаља иза језичке површине, те намрешкане воде, иза концентричних кругова које оставља камен бачен са велике удаљености. У једном броју песама у прози, односно дискурсима у којима преовлађује наративни принцип, Дубравка Ђурић ефектно тематизује непосредно, женско искуство и перцепцију, која је интерполирана са искуством оне која пише, тачније оне која језик ствара и уједно њиме влада. Између непосредног и језички фингираног искуства постоји разлика, неретко и јаз, а самим тим и простор за стварање другачијих, сасвим супротних значења, која непрестано показују свој други пол, своје подвојено јаство. Постмодернистичка напуклина између појмова/ствари/речи/знакова реализује се у *Књизи бројева* управо у међупросторима тих променљивих релација, и то на синтаксичкој и семантичкој равни: „И виђење значење се мења у облику сенки под кретањем језика у истој равни и он се мења у истоветан себи у збиру имагинарних бројева где број одговара мноштву разнородних значења".

Погрешно је уверење појединих критичара да се поезија Дубравке Ђурић одриче референцијалне димензије и преферира језичку комбинаторику као неку врсту чистог ларпурлатизма. Има, додуше, у овој збирци текстова који подсећају на надреалистички психички аутоматизам, али то је опште место свих наших песника који пишу под утицајем (нео) авангардног поетичког концепта. Зачудо, језик Дубравке Ђурић често обилује и сентиментом, што условљава један посебан импресионистички доживљај особен за лирику, да би ово било надграђено, слично као код З. Ђерића, металитерарном и дискурзивном компонентом. У том смислу, овакав поступак резултира минимализмом и елиптичношћу структуре, а на другој страни дужим, реторичким текстовима који су засновани на синтагматској, симултаној монтажи језичких чинилаца. Или како каже песникиња: „Између језика и метајезика од једног до другог нивоа / просута течна зрна живе не могу се ухватити руком. „ Али се зато могу кретати заузимајући своје положаје у времену и простору, у идеалној тачци пресецања суме бројева. Или знакова, свеједно.

Сензуална одбрана од смрти

Својом првом песничком књигом *Мадона дугог врата* (1992) Дивна Вуксановић наговестила је свој духовни став, али и судбину рецепције властитих текстова, што се метафорично може сажети у познату флоскулу *или / или*. Преведено на конвенционални језик, то би значило: *или* ће их читати мали, али одабрани, повлашћени, да не кажем елитни слој читалаца који уживају у овој несвакидашњој песничкој имагинацији и „кончетистичком", па ипак тако прецизном осећању језика, *или* ће их једноставно одбацити, проглашавајући их исконструисаним, извештаченим и одвећ езотеричним. Али и судбина читаве наше књижевности, као и поезије, слична је условно речено стваралачкој позицији Дивне Вуксановић, посебно после најновије књиге *Опажач, опажена* (1997), коју ауторка означава термином *микро проза*, да би самим насловом поново скренула пажњу на бројне значењске манифестације које он може имплицирати, од којих у обзир долази и онај вредносни аспекат који му приписује феминистичка литература. *Он* је активни посматрач динамичне перцепције – *Она*, пак, само и једино опажени објекат, предмет жеље или предмет лепоте, мрачни или светли, свеједно. Али, чини ми се да је овакво тумачење наслова, премда могуће, одвећ наивно за ауторку која разара клиширане представе о бројним културним феноменима који нас детерминишу – па самим тим и овако схваћеним мушко/женским односима. Но, на анализу наслова вратићу се касније.

Најпре, сама чињеница да се Дивна Вуксановић у својој другој књизи определила за прозни, а не за песнички дискурс говори у прилог моје тезе да су управо песници деведесетих они који пре свих размичу жанровске предрасуде и лако прелазе са једног нивоа изражајних могућности на други, при чему већина задржава исте оне поетичке особености које карактеризују њихово песништво. У том смислу, оно што књигу *Опажач, опажена* повезује са стиховима из *Мадоне дугог врата* јесте њена суштинска усмереност на проблеме интерпретације културе, тачније њених најистакнутијих делова, какви су уметност (посебно визуелна). Песме које су писане спорим, дугим стихом рачунају на алузивну компоненту знања о одређеном артефакту (знаку), али га преводе на субјективни, очуђени језик *визуелне меморије* која инсистира на интензивном ефекту сликовности. Притом, лично ауторкино песничко „ја" преодевено је у бројне културне шифре и кодове и на тај начин истовремено деперсонализовано у стилу као „телу меморије" (Барт), у обиљу исказа који само подсећају на „цитате виђеног", а у ствари су „пастиши невиђеног", њен особени пергамент који се може дешифровати једино властитим уласком у *Stargate*.

Ово би уједно биле оне најистакнутије координате које повезују књигу поезије са књигом прозе, и уједно тачке у којима ове две књиге почињу да се разилазе. У збирци *Опажач, опажена* тело меморије преобразило се у прозни стенограм, диктирајући другачије претпоставке од претходних, искушавајући истовремено наше разумевање прозног као превасходно *наративног принципа*. Термин *микро проза* тако није обележје наративног, иако би се у појединим од тридесет текстова још и могло говорити о некаквој рудиментираној, минималистичкој причи. Овај термин поред своје диференцијалне природе у односу на *Друго* (поезију) пре свега означава моменат унутрашњег јединства (кохеренције) које се реализује превасходно *метафоричким* учинком језика и његовим синтагматско/парадигматским обртима. Стога се о некаквом наратору овде и не може говорити – чак и када је у питању *дескрипција* (а највећи број текстова управо почива на оваквом поступку). Прозно „ја" је само извесна конвенција, конструктивна језичка инстанца, некакво прозирно *драматуршко поље* у коме се бележи синопсис текста, а потом и његова визуелна, *видео режија*. Отуд проистиче и хотимична херметичност и значењска некомуникативност текстова Дивне Вуксановић – њихов предтекст почива на деконструкцији и разградњи пре свега језика медија који овде супституишу читав људски универзум. Међутим, ауторка истовремено настоји да неком врстом постмодернистичког подражавања или имитације зађе у језичку зону одређених идеолошких и вредносних порука које нам нуде бројни симулакруми. Дакле, да изврши нешто што личи на метафоричку анатомију, служећи сс искуствима концептуалне уметности (инсталације), видео спота и балетске кореографије, цитата из класичних филмова, компјутерске технологије, рекламних медијских порука, кича и високе уметности, науке (статистике, генетике, зоологије), документарних програма, моде, и наравно – мита и бајке.

По правилу, наслови њених текстова директно не кореспондирају са одређеним тематским и значењским смерницама. Тако уводна микро проза

„Музичка школа" подсећа на фантастичке фрагменте првих књига Немање Митровића и Владимира Пиштала, стављајући у први план једну тему која се изнутра, испод покожице тог *техно језика* помаља из текстова Дивне Вуксановић. То је тема компликованог и трауматичног одрастања, односно одбијања да се одрасте, потрага за егзистенцијалним идентитетом, његове промене (социјалне, психосексуалне, право на разлику), све до очајничког вапаја за заштитом од ентропије информативности која свет у којем живимо лишава сваког смисла сводећи га на једноличан звук брисача на шофершајбни. *Естетика комуникације* остварује се једино у некој врсти конзервирања стања лепоте предмета, у чему се огледа и сама ауторка. Текст „Музичка школа" садржи низ алузија на *Алису у земљи чуда и Алису с оне стране огледала*, као и на књигу *Златни кључић* А. Толстоја, руску варијанту *Пинокија*. Свет који се открива *through the Mirror* застрашујући је и леп, ризичан у својој идиличности, свет у којем је и сама смрт нека врста естетског доживљаја.

Другачији су текстови у којима ауторка иронично испитује домете одређених научних и медијских порука. Тако у „Кардиограму" она описује гротескну слику плаже као једног од топонима модерне цивилизације, стварајући бизарни утисак метафоричких таласања језика („На обележеном жалу, младићи се забављају утрљавајући у кожу пасте са хиљаду уситњених огледалаца како би постигли ефекат *могућих светова*"). „Чаробни осмех делфина" иронизује лажну слику о идиличном односу између људи и животиња које пласирају документарни научни програми. „Ексклузивно: једно хумано жариште" инспирисано је horror science fiction филмовима у којима неки мутант обично не зна ког је пола, па се класична митска тема хермафродита овде додатно обогаћује актуелним жанровским кодовима (супротно Д. Вуксановић, Марија Мицовић у својој првој збирци *Београдска сиротица* користи исти топос али у смислу проблематизације психосоцијалног идентитета). Песникиња мајсторски деструише базичне теме савремене цивилизације: у тексту „Кугла за демолирање" она истражује општу компјутеризацију људског духа, који и сам почиње да функционише као рачунар. Дехуманизовани, али на свој начин лепи/хладни језик рачунара дозвољава само линеарни, синтагматски начин повезивања знакова, при чему за „четири доживљаја и једну реч" не постоји никаква прошлост ни будућност, већ само вечита садашњост вазда фиксирана на екрану. Као девојчица са сличугама која се у књизи Немање Митровића *Сан рата* обрушава у леденој дубини телевизијског екрана, што је праћено искричавим пуцкетањем, овде се *Дух писма* губи притиском на тастер компјутера, „као усамљена кугла из неке поеме".

Дивна Вуксановић често користи поступак травестије да би пародирала конвенционалне мушко / женске односе („Русоова невидљива вагина", „Антижена и псеудожена", „Прерушавање природе", „Супервизор", „No comment"). Због тога и текст „Апорија: љубав" о љубави проговара на не-љубавни начин, изобличујући тиме бројна тумачења љубави која јој одузимају чар најчистије форме („Новогодишња песма у рибарници"). Но, за разумевање кључног поетичког принципа збирке веома је значајна микро проза „Накнадне слике" која истовремено објашњава и њен необични наслов. Она је уједно једна од ретких написаних у првом лицу и највише упућује на оно што се може назвати *техником претапања видео слика*. У овом тексту метафора „унутрашњег плавичастог ока после бројних хируршких интервенција" које је уједно и субјекат и објекат властите перцепције, највише сугерише идеју *Ока Камере* (у дехуманизованом свету), односно *Ока Бога* (у свету традиционалних хуманистичких вредности). Завршна реченица: „Судбина без ока: никада нећу угледати демона који котрља моју зеницу" из ове франкенштајновске слике одједном мутира у најчистији романтизам једне од најлепших песама Е. А. Поа. Ту песник истиче да ће читави универзум бити плав од демона у његовом оку, враћајући нас темељном преокретању вредности за које се имплицитно залаже Дивна Вуксановић. То је афирмација субјективног начела као јединог гаранта опстанка „сумрачних, успорених слика меморије" у којима препознајемо заборављену Душевност и Лепоту.

У овом контексту потребно је поменути још два млада аутора, чији третман песничке форме заслужује пажњу. Најпре Ненада Јовановића (1973) чије прве две збирке *Фрезно* (1993) и *Welt* (1994), а делимично и књиге XIX (1996) и *Игњат* (1998) успостављају посредне и директне везе са светом медија, у првом реду филмом, телевизијом, видео спотом, музиком и сликарством. Јовановићев песнички поступак је, слично Т. Шаламуну, доследно дисперзиван и не дозвољава канализање значења. Језичка ерупција и упечатљива сликовност код Јовановића се јавља у функцији истицања „ја" субјекта, па чак и када исписује некакав неутрални кадар из филма (најчешће дијалог) овај песник акцентује *раскош света* насупрот које стоји појединац са својим скученим могућностима његовог обухвата. Због тога је у Јовановићевој поезији реч сведена или на реквизит којим се глумачким језиком речено *имитира живот, стварности, лик*, или се пак њима скицира сан и „озлеђује буђење", а реалност текста постаје једина позорница/филм у којем може опстати јунак/песнички субјект. „Свет као замишљање света" артикулише се али и опире управо у поетском дискурсу Ненада Јовановића, који у последње две збирке зна да буде сувише компликован и расплинут, иако у својим најбољим деловима (рецимо „Писмо Д. Н.-У.") снажно материјализује *присуство*, макар и не спознавши бога.

Поетска форма Ане Ристовић (1972) још од претходне збирке *Сновидна вода* (1994) до најновије *Уже од песка* (1998) колеба се између дугог стиха и прозно-поетског фрагмента, што у потпуности одговара ауторкином езотеричном концепту. Ослоњене на нејасни митски и историјски контекст, песничке слике Ане Ристовић обавијају се око неухватљивог језика који личи на неки непостојећи, стари или изумрли језик човечанства, са чијих га глинених таблица песникиња несигурно и приближно преводи на српски језик. Успутне алузије и реминисценције указују на изузетно ауторкино познавање светске, посебно англосаксонске поезије, али њихово профињено исходиште ипак је смештено негде у епифанијским тренуцима *буђења*, при чему је за Ристовићеву особено да се свет сна и свет јаве ни по чему не разликују, јер увек могу бити негде другде, тамо где тело, а не само дух спознаје свој *еденски врт*. Тај негатив изгубљене слике.

ИНТЕРТЕКСТУАЛНОСТ И СМРТ

„Чувар" или фантазија по Максу Ернсту

Биљана Јовановић је своју списатељску каријеру започела као песникиња и мада је, како се данас може видети, поезију писала током читавог свог одважног живота *on the edge,* њени последњи дани обележени су напором да суштину своје егзистенцијалне и књижевничке путање сажме стиховима, да по ко зна који пут овлада оним простором хартије у којем слова, речи, синтагме, полуреченице и искази почињу да функционишу као стихови неке будуће песме/поетског дискурса. Ауторка која је после прве објављене књиге песама *Чувар* (1977) вероватно открила да су попут неких других значајних писаца њен дар и карактер, њен нерв и боје у прозном изразу, па и драмама више него у поезији, није се, међутим, одрекла могућности да нас подсети на чињеницу све чешћу у савременој српској књижевности – како изврсни прозаисти остављају за собом антологијске примере песничких текстова.

Генерацијски гледано, поезија Биљане Јовановић припада поетичким тенденцијама седамдесетих и раних осамдесетих, о чему је исцрпно писала Јасмина Лукић (*Друго лице, 1985*) означавајући ово раздобље, ослањајући се на различите поетске визуре, пресудним за еманципацију песништва као личног стваралачког чина од уплива идеолошке свести. Ауторка такође истиче потребу ових песника (М. Петровић, Д. Новаковић, Н. Тадић, С. Зубановић, Р. Лазић, М. Мандић, Љ. Ђурђић и други) за језичким експериментом и тежњу за метатекстуалним промишљањем и реализацијом различитих, често опречних стратегија поетског дискурса.

Ипак је *Чувар* Биљане Јовановић, доцније заборављен и углавном прећуткиван од стране критике, већ на први поглед, својим насловом, необична и тешко проходна песничка књига, писана под јаким упливом сликарског медија и то надреалистичког језика Макса Ернста чијим је платнима посвећен трећи циклус збирке *У међувремену. Ернстово дрво на вратима*. Песникиња врши својеврсно превођење Ернстових слика на језик поезије који је исто тако под утицајем експресионистичко--надреалистичких прожимања универзалија, опречних појмова и слика, раслојавања на нивоу микроструктуре (исказа) и макроструктуре (текста) који посредује тек неодређене, нејасне назнаке и сигнале за интерпретацију. Поступци дескрипције и квазинарације распршују се у љуске фрагмената у којима преовлађују глаголски облици без субјекта и објекта, а то сведочи о песникињином напору да означи неку непознату, фантазмагоричну ситуацију која сама по себи производи песничке последице. Тај принцип сличан је на моменте поетици Гертруде Штајн, али је код Биљане Јовановић, слично надреалистима, ова техника померена ка разним нивоима реалности и предметности, укључујући и различите позиције ја, ми, или ти/ви субјекта. Комбинујући и монтирајући различите типове исказа, Биљана Јовановић у поезији чини исто што и у прози, посебно у роману *Пада Авала* – неосетно прелази из једног жанра у други, из лирске песме у прозни запис и одломак тока свести, из каталошког набрајања у драмски монолог / дијалог, из приче о потрази за личним идентитетом у алегоријску, гротескну фантазију са митским и политичким алузијама („Август", „Чувар II").

У првом циклусу под насловом *Чувар I* постоји неколико песама у којима се лакше може реконструисати одређена тематско-мотивска тенденција везана за проблем сапопреиспитивања/интроспекције, као и фигурације властитих ликова (женских, мушких, биљних, животињских, митских). То су пре свега текстови „Мој лик", „Лице", „Познаник", „Трећи познаник" и „Догађај са познаником". У свима њима појављују се извесне метафоре које ће постати окосницом Биљанине антологијске песме *„О хладној трави"*, написане октобра 1995. године, а објављене у пролеће 1996. у *Књижевним новинама*. Мотив срастања са земљом и травом, шибљем и лишајевима, булкама и шебојем упућује на одређену пантеистичку и митску позадину на којој се оцртава песникињин идентитет (она ће рећи лик или лице, односно облик). Земља и трава, једном речју *Натура,* насупрот *Култури* коју је Биљана Јовановић са толико јеткости разобличила у својим романима није, међутим, само простор русоовске идиличне хармоније, већ и амбијент непознатог и скривеног, забран који непрестано мами својом лепотом, јер је *други и другачији*, стишанији и мекши, али баш зато ледено леп, савршен у својој недодирљивости. Простор у којем обличје лирске јунакиње комуницира чулима, неразумљивим језиком бубица и влати траве, призива у свест читаву модерну песничку традицију у којој се на егзистенцијална питања одговара урањањем у архетипске слојеве мита и природе.

„О ХЛАДНОЈ ТРАВИ"

Посвећено Александру Ристовићу

Стопало, стопала ; руке, дланови ; колена и чело
                    на „хладној трави".
Као на Шахразадином ћилиму, којег сваки
                    и најмањи фрит може одувати;

и његове путнике – паукове, с товаром мреже
                    конаца, зелене бубе сјајних
хитинских омотача, жабе из мочвара, пужеве
                    и свице, црвеноцрне бубице...
Као на Шахразадин ћилим стопало, нога; чело
                    и колена на „хладној трави",
земља је непровидна под „хладном травом". Цела.
                    И доле, кад спустим голе дланове,
остављајући амајлије од сукна и ситног јантара
                    на танушним гранчицама, и доле,
                    кад спустим гола стопала,
провидна леђа, и легнем наузнак, на лево, а главу
                    приљубим уз „хладну траву",
                    тако да осећам,
како ми у ухо, провидно и бело, шапућу ситне
                    црноцрвене бубице, нешто. Нешто.
Нешто о непровидној земљи.
Савијених колена утишава се мој облик и мисао,
                    као сићушни звукови из „хладне траве".

Већ сама околност да је песма посвећена Александру Ристовићу те да својим насловом буквално опомиње на ауторову збирку *Хладна трава,* али и на читав његов песнички опус, наводи на помисао да су се извесна поетичка интересовања Биљане Јовановић описана у претходном делу текста пред крај њенога живота преклопила или сусрела са духом *хладне траве*, тако маестрално уобличеног у поезији Александра Ристовића. И у овој песми се ауторка бави тумачењем ове Ристовићеве метафоре, донекле мењајући и прилагођавајући ритам свога дискурса песниковом темпу говора. Песма је написана у спором темпу, али на карактеристичним местима прекидана и синкопирана засебним, одвојеним речима, што јој даје интерпукцијску рељефност и неочекивани пренос прозног, ломљеног исказа у наредни ред, чиме се постиже стиховни ритам. Притом се насловна метафора дословно увек пише у наводницима, да би се читаочева пажња скренула и на самосвојни симболички отклон од Ристовићевих универзалних прожимања различитих видова појавног и невидљивог света, градећи тако властито симболичко поље које почива на супротним просторним односима међу смисаоним јединицама текста.

Јер прича о „хладној трави" је траг најдубљег, можда последњег привиђења смрти, пре њеног стварног доласка. Отуд је хладна трава стављена под наводнике, као знак да се овај сусрет, и ова припрема, и одлагање, одвија у речима, тако пажљиво одабраним, прецизним, а истовремено митски опипљивим. Слика стопала, дланова и колена савијених на хладној трави уоквирује овај текст, фиксирајући их поређењем са Шехерезадиним ћилимом, на којем путују, високо где их ветар може одувати, животињице, бубице сличне онима из Ристовићевих или Витманових песама. Шта може да значи ова матафора ћилима са необичним путницима – шумском фауном?

У просторном смислу, они се налазе негде горе, изнад, али је та раздаљина сасвим неодређена и сугерише да се они налазе *изван* простора у којем стопало стаје на ћилим као на „хладну траву" и тренутка када песникиња каже да је „земља непровидна под „хладном травом". Цела. И доле, кад спустим дланове... „Овде нас лирски глас суочава са новим перцептивним искуством да је земља испод „хладне траве" непровидна, и то цела. Да ли је читава планета прекривена хладном травом, а само земља непровидна, за разлику од провидних небеских висина у којима се распознају слојеви прозрачности? И шта такође може да значи прилошко одређење „И доле" које ће потом поново акцентовати, заједно са ситуацијом спуштања, легања и приљубљивања. Поново, *где?* – на „хладну траву", испод ње, значи у непровидну земљу о којој шапућу бубице из „хладне траве". Нешто. Јер ако лирска јунакиња не леже ни на „хладну траву" нити испод ње, али свакако *доле, онда то може бити само у међупростору,* између, у моменту стишавања „облика и мисли", између присуства и одсуства, између потпуне непровидности и хладне чујности, између текста у коме постоји простор гроба — и писања којим се он призива. Јер у последњим забелешкама песама на којима је радила, Биљана Јовановић је написала: „Не пише се ничим / што подсећа на / тачке у којима нестаје / језик. " Слепило маргине и немост пред извесношћу Сусре̄ша сведоче о постепеном саживљавању са променом облика.

Бескрајна

Када ми је било годину дана, умрла сам. Не знам где су сахранили моје те̄ло и не знам ко обилази мој гроб. Вероватно ти. Долазиш да ти причам о коп̄ну и тамној мрљи у безваздушном простору. Долазиш сама, п̄реко травњака и ружичњака, следећи ивицу кућа са троугласт̄им крововима што се нагињу ка води, као да ће се сваког т̄ренут̄ка сурват̄и. Немогуће их је оп̄исат̄и. Нацрт̄ани су на т̄амнољубичаст̄ој неп̄ровидној п̄одлози која се ни п̄о чему не разликује од воде. Црт̄ежи немају сенке, а њихове неп̄равилне конт̄уре п̄ост̄еп̄ено уп̄ијају т̄воје крет̄ње. Док се п̄риближаваш.

Имам три податка која ми круже главом, бесконачно, без обзира на време, буђење, на чист, гладак ваздух после пљуска.

Први: не пишем већ дуго.

Други: ружичасти лустер у једној полумрачној соби, иза сивих металних ролетни који подсећа на цвет тек отвореног, процвалог локвања у ускоj улици близу моје куће. Ретко је упаљен, али увек оставља утисак савршеног отиска сећања, неке нејасне жудње којој дајем разна имена, не питајући хоће ли ме уништити.

Трећи: лице на коме разазнајем само очи, док њихов разливени сјај обавија предмете. Изненада, оно се удаљава, губи негде на изласку из града (можда тоне у воду, можда одлази на небо). Умножава се, дели, прелама.
Одједном, постајем свесна његовог мноштва.
Његова непомичност ме узбуђује.
Очи играју као ужарене кружнице што се преливају и потом секу у непрозирној тачци, настављајући свој пут до мозга.

лице се удаљава, остаје свест о тишини, пролажење мрака, слагање ваздушних честица које титрају праћене одумирањем дана, лагано, као кад црне папирне кутије плове по сребрнастој површини воде, распрскавајући се негде у дубини мрака. ужасна мешавина осећања: мајчинска, сестринска, заштитничка, диктаторска, љубавничка, да, женска страст, поништавају ме до изнемоглости. немоћ ми прија. снага је у малаксалости. као оштар бол јавља се кривица праћена стидом и страхом који се граничи са религиозном опседнутошћу.
(Све време, у ствари, мењам идентитет. Поезија? О, не. Заправо сам одувек у то сумњала. Присећам се неких давних разговора са људима које сам познавала, с докторима који су ме лечили. Можда си ми ти помогла да схватим – да смо до јуче биле исте, срасле врховима јагодица, не додирујући се, линијом концентричних одбљесака и спорих таласања.).

Не завидим ти на коси.
Не завидим ти на рукама.
Не завидим ти што седиш.
Не завидим ти што ћутиш.
Само мала бора испод левог ока подсети ме
на време дружења с мачкама, птицама
     и бубама.
Волела си их и прогонила.
Оно што беше после, памтим само ја.

На пример, висину која те је привлачила,
Растојање између магле и бетона,
Прозрачни пут,
Вертиго.

Пут је део мене. У теби је исти пут. Омча. Трајање. Светлуцава ниска одјека. Понекад смо исто. Четвороугаони простор собе. Четвороугаони оквир на зиду чију белину никада нећу додирнути. *Њен портрет.*

Колико сам сама, нећеш никада сазнати. Оно што ти се чини, што мислиш да си ти, само је сећање на причу у којој живимо обе. Твој сан сличан је правилном смењивању чежње и очаја. Житка плазма с невидљивим мембранама које се грче и опуштају док сасвим не изгубе растегљивост и не претворе те у течност. Сан никада не губи сопствену слику. Ти је губиш. Ти стрепиш, од мене, од нас. *Ја сам бескрајна.* Сан је, стога, најтеже и немогуће записати. Немогуће је ухватити ону нит која раздваја стање спавача од прозирног трена његовог буђења. Једино ми, после тога, успева да још дуго осећам врелину што обузима плућа, желудац и вене. Нејасно сећање на лице сада се претвара у разливени цртеж помешан са лимфом, знојем, крвљу и дисањем.

Дуго, опет, размишљам о лицу: између њега и ружичастог лустера сигурно постоји некаква веза, иначе се не би појавили као паралелни одсјаји у моме мозгу. Иза спуштених ролетни собе увек је било тамно, а ружичаста боја лустера-локвања бљештала је као драги камен у некој тек ископаној, краљевској одаји. Опојни мирис тога цвета који свој отров шири уз највећу сласт већ сам негде осетила (видела сам огромну дворану са истим таквим, још већим лустером и испод њега човека на чију се главу обрушавају њени сводови. И много мутне, прљаве воде кроз коју се пробија снажан, наг мушкарац, одбијајући пред собом таласе који га полако преплављују...)

... А увек се, заправо, враћам на исту почетну ситуацију о чему писати. Јер оно што осећам као спремност да издржим експлозију језика, обично завршим говором о нечем другом, мање важном, али ништа мање нужном и болном. Тако се сва страст за лакоћом изражавања претвара у тескобу муцања, у пипање по мраку, у процес хлађења лаве, још пре него што се догодио потрес. Чула пре сретања са хартијом пулсирају негде између даха и енергије ствари – испрва покушавају да у речи утисну облике те везе, а затим се гасе и замиру, сужавајући поље језика до самоуништења, а екстазу слућеног на ужас виђеног. Писање је препознавање познатог, ма колико тежили да одгонетнемо сан који нас тако, сами себима открива. Јер то је само знак да можемо постојати изван нас самих, изван стварности тела. У преображају.

Тонем.

Нечујно ме дотичеш. Тешко. Не осећам те. Измичем. Пружаш руку и она нестаје. Бљесне и потом се изгуби. Рука која нестаје. Шета око мене. Око моје главе. С једне стране ка другој. Покушавам да је ухватим. Боли. Боли ме. Боли те. Одсечена је. Чини се. Две. Круже. Руке. Три. Изнад моје главе је једна. У руци држим другу. Топло је. Затим је хваташ. Сада је твоја. Окренем се и опет је ту. Рука која шета. Моја рука. Твоја рука. *Тројеручица.*

Руке клизе.
Руке траже.
Топло.
Увек.

Када будеш поново дошла, нећу ти више ништа рећи. Питаћу те једино за носталгију. Не за бол. Питаћу те колико је времена прошло од тада. Јесу ли ти руке мртве казаљке сати. Питаћу те јеси ли умрла.

ЦИТИРАНА ЛИТЕРАТУРА

Anz, Thomas (Анц, Томас): *Literatur der Existenz,* Stuttgart, 1987.

Basara, Svetislav: *Nemoguće je napisati nešto što nije priča, Književna kritika,* XVIII, 1987, br. 1–2.

Биргер, Петер: *Ролан Барт или како исказати ја, Књижевна критика,* XXVII, лето–јесен, 1996.

Брајовић, Тихомир: *Речи и сенке* (избор из транссимболистичког песништва деведесетих), Просвета, Београд, 1997.

Volk, Maja: *Poetika Avgusta Strindberga,* Beograd, 1992.

Данилов, Драган Јовановић: *Алманах пешчаних дина,* Просвета, Београд, 1996.

Данилов, Драган Јовановић: *О археологији песме у прози, Књижевна реч,* XXVII, 1998, бр. 500

Debeljak, Aleš: *Melanholnične figure,* Ljubljana, 1988.

Деретић, Јован: *Поетика српске књижевности, Филип Вишњић, Београд, 1997.*

Ђурић, Дубравка: *Типологија српске поезије после 1970., Књижевност,* 1993, бр. 11–12.

Замуровић, Александар: *Митолошки речник,* књ. 2, Нови Сад, 1936.

Ingenschau, Dieter (Ингеншау, Дитер): *Poesie des deskriptiven, Lyrik und Malerei der Avantgarde,* UTB, München, 1982.

Јерков, Александар: *Антологија српске прозе постмодерног доба,* СКЗ, Београд, 1992.

Јерков, Александар: *На граници постмодерног доба (Иван Лалић и Миодраг Павловић: критичка ауторефлексија), Књижевност,* 1993, бр. 11–12.

Јовановић, Александар: *Поезија српског неосимболизма,* Филип Вишњић, Београд, 1994.

Јовановић, Александар: *Неће пропојати или чежња за епифанијом*, *Милосав Тешић, песник* (зборник), уредници А. Јовановић и Д. Хамовић, Повеља, Краљево, 1998.

Jones, P. S. (Џоунс, С. П.): *From Poetic Prose to Prose-poem, The Background to Modern French Poetry*, London-Oxford, 1951.

Карановић, Војислав: *Српско песништво краја века*, приредила Бојана Стојановић-Пантовић, *Књижевна критика*, лето-јесен, 1997.

Кнежевић, Марија: *Српско песништво краја века*, *Књижевна критика*, лето-јесен, 1997.

Krleža, Miroslav: *Povratak Filipa Latinovicza*, Sarajevo, 1980.

Lompar, Milo: *O završetku romana (smisao završetka u romanu „Druga knjiga Seoba" Miloša Crnjanskog)*, Rad, Beograd, 1995.

de Man, Pol: *Autobiografija kao raz-obličenje*, s engleskog preveo N. Milić, *Književna kritika*, XIX, 1988, br. 2.

Марчетић, Милован: *Од снова прича* (поговор збирци *Приче за очи* Н. Митровића), Филип Вишњић, Београд, 1990.

Микић, Радивоје: *Сеоба у илузију рефрен-ауре* (поговор збирци М. Тешића *Прелест севера, круг рачански, Дунавом*), Просвета, Београд, 1996.

Микић, Радивоје: *Милосав Тешић као симболиста*, *Милосав Тешић, песник*, Краљево, 1998.

Митровић, Немања: *О фантастици*, *Књижевна реч*, 1981, бр. 179.

Негришорац, Иван: *Песме бунцалице Милосава Тешића*, *Милосав Тешић, песник*, Краљево, 1998.

Павловић, Миодраг: *Поезија на крају века или сусрет са визијама*, *Српско песништво краја века*, Књижевна критика, лето–јесен, 1997.

Pavković, Vasa / Pantić, Mihajlo: *Šum Vavilona (poetsko-kritička hrestomatija mlađeg srpskog pesništva)* Književna zajednica, Novi Sad, 1988.

Павковић, Васа: *Поема „Благо божије"*, *Милосав Тешић, песник*, Краљево, 1998.

Пантић, Михајло: *Нови прилози за савремену српску поезију (огледи и критике)*, Григорије Божовић, Приштина, 1994.

По, Едгар Алан: *Између свести и сна*, са енглеског превели Б. Стојановић, Д. Јовић и Ј. Новаковић, Знак, Београд, 1983.
The Portable Poe, ed. by Ph. Van Doren Stern, Harmondsworth, 1973.
Poe, Edgar Allan: *Крабуља црвене смрти, књ. I, (Приче)*, Накладни завод Матице хрватске, Загреб, 1986.
Потић, Душица: *Поетика сна*, Књижевност, 1992, бр. 7/8/9.
Riffaterre, Michael (Рифатер, Мишел): *The Semiotic of a Genre: The Prose Poem, Semiotics of Poetry*, Bloomington / London, 1978.
Росић, Татјана: *Произвољност дневника (романтичарски дневник у српској књижевности)*, Институт за књижевност и уметност, Београд, 1994.
Rosić, Tatjana: *Snovi i potomci: grad*, Reč, februar, 1995, br. 6.
Симовић, Љубомир: *Трагом рачанских калуђера, Милосав Тешић, песник*, Краљево, 1998.
Sokel, Walter, H. (Зокел, Валтер): *Der literarische Expressionismus*, Muenchen, 1970.
Стипчевић, Никша: *Песма укрштених путева, Милосав Тешић, песник*, Краљево, 1998.
Šuvaković, Miško: *Postmoderna* (biblioteka „Pojmovnik", kw. 10), Narodna kwiga / Alfa, Beograd, 1995.
Ugrešić, Dubravka: *Američki fikcionar*, Plavi jahač, Beograd, 1995.
Хачион, Линда: *Поетика постмодернизма*, с енглеског превели В. Гвозден и Љ. Станковић, Светови, Нови Сад, 1996.

БЕЛЕШКА О ПИСЦУ

Бојана Стојановић-Пантовић рођена је 30. марта 1960. у Београду. На одсеку за југословенске књижевности Филолошког факултета у Београду дипломирала је 1983, магистрирала 1985. а докторирала 1992. године. Запослена је у звању доцента за јужнословенске књижевности на Филозофском факултету у Новом Саду, а предаје и на Филолошком факултету у Београду. Од 1987. до 1994. године уређивала је *Зборник Матице српске за славистику*. Од 1995. уређује часопис *Књижевна критика*. Пише књижевну критику, огледе и есеје из теорије, историје и упоредне књижевности. Преводи са словеначког и енглеског језика.

Објавила је следеће књиге: *Poetika Mirana Jarca*, Novo Mesto, 1987. и *Линија додира (студије и огледи)*, Дечје новине, Горњи Милановац, 1995.

Приредила је и написала поговоре за фототипско издање *Драмских тачки* Ранка Младеновића, Београд--Горњи Милановац, 1989. и поетску трилогију Д. Ј. Данилова *Кућа Бахове музике*, Просвета, Београд, 1998.

Живи у Београду.

САДРЖАЈ

Поетичке фигуре у српском песништву деведесетих   9
Rose and Wound 20
Сведок самоће и тишине....................... 31
Вечито млад (а), рушевина по себи.............. 44
Дух везника................................... 57
Порекло поетике.............................. 67
Пролегомена за читање *Кућа Бахове музике* Д. Ј. Данилова 87
Фигура просопопеје у *Алманаху пешчаних дина* Д. Ј. Данилова...................................... 103
Поглед са ивице 113
Дискурс меланхолије.......................... 125
Опасна зона језика............................ 136
Интертекстуалност и смрт 149
Цитирана литература 159

Белешка о писцу 163

Бојана Стојановић-Пантовић
НАСЛЕЂЕ СУМАТРАИЗМА

*

Главни уредник
ЈОВИЦА АЋИН

*

Рецензент
ДУБРАВКА ЂУРИЋ

*

Коректори
МИРОСЛАВА СТОЈКОВИЋ
МИЛАДИН ЋУЛАФИЋ

*

ИП РАД, а. д.
Београд, Дечанска 12

*

За издавача
ЗОРАН ВУЧИЋ

*

Припрема текста
Графички студио РАД

*

Штампа
Codex comerce
Београд

CIP – Каталогизација у публикацији
Народна библиотека Србије, Београд

886.1.01-1"199"
СТОЈАНОВИЋ-Пантовић, Бојана
  Наслеђе суматраизма: поетичке фигуре у српском песништву деведесетих / Бојана Стојановић-Пантовић. – Београд : Рад, 1998 (Београд : Codex comerce). – 171 стр. ; 21 cm. – (Знакови поред пута)
  Белешка о писцу: стр. 165. – Библиографија: стр. 161–163
  ISBN 86-09-00586-0
  а) Српска поезија – 1990–1998
  ИД=68698124

CIP – Каталогизација у публикацији
Народна библиотека Србије, Београд

886.1.01-1"199"

СТОЈАНОВИЋ-Пантовић, Бојана
  Наслеђе суматраизма: поетичке фигуре у српском песништву деведесетих / Бојана Стојановић-Пантовић. – Београд : Рад, 1998 (Београд : Codex comerce). – 171 стр. ; 21 cm. – (Знакови поред пута)

Белешка о писцу: стр. 165. – Библиографија: стр. 161–163

ISBN 86-09-00586-0

a) Српска поезија – 1990–1998

ИД=68698124

www.ingramcontent.com/pod-product-compliance
Lightning Source LLC
LaVergne TN
LVHW051121080426
835510LV00018B/2172